28 + 30 = ___
28 + 40 = ___
28 + 50 = ___

2 · 2 = ___
4 · 2 = ___
8 · 2 = ___
10 · 2 = ___

84 − 60 = ___
91 − 70 = ___
55 − 20 = ___
78 − 30 = ___

3 · 3 = ___
6 · 3 = ___
9 · 3 = ___

8 + 5 = ___
18 + 5 = ___
28 + 5 = ___
38 + 5 = ___

10 · 5 = ___
2 · 5 = ___
5 · 5 = ___
1 · 5 = ___

1 · 7 = ___
2 · 7 = ___
5 · 7 = ___
10 · 7 = ___

8 · 8 = ___
4 · 8 = ___
2 · 8 = ___

100 − 55 = ___
100 − 45 = ___
100 − 35 = ___
100 − 25 = ___

12 + 12 = ___
14 + 14 = ___
16 + 16 = ___
18 + 18 = ___

Zahl	7	15		33		25		11
Doppelte			48		98		42	

1

46 + 53 = ___ 35 + ___ = 72 ___ + 28 = 74

72 + 25 = ___ 64 + ___ = 91 ___ + 13 = 99

31 + 47 = ___ 22 + ___ = 48 ___ + 37 = 61

23 + 41 = ___ 19 + ___ = 52 ___ + 44 = 82

2

87 – 72 = ___ 46 – ___ = 35 ___ – 13 = 26

96 – 65 = ___ 84 – ___ = 46 ___ – 28 = 51

77 – 38 = ___ 99 – ___ = 32 ___ – 33 = 15

58 – 39 = ___ 51 – ___ = 22 ___ – 47 = 33

3

___ + ___ = ___
___ + ___ = ___
___ – ___ = ___
___ – ___ = ___

• 47, 32, ___ •

___ + ___ = ___
___ + ___ = ___
___ – ___ = ___
___ – ___ = ___

• 54, ___, 86 •

4

13 € 25 €

gegeben: 

zurück: ___ €

45 € 36 €

gegeben: 

zurück: ___ €

22 € 19 €

gegeben: 

zurück: ___ €

1

+	28	45	39	51
34				
43				
12				
49				

−	57	26	64	42
81				
92				
83				
100				

2

3

4 Susi hat 25 Euro gespart. Sie kauft sich für 7 Euro ein Buch und für 3 Euro Sticker.

Frage: ______________________

Rechnung: ______________________

Antwort: ______________________

In einem Bus sitzen 12 Kinder, 17 Frauen und 19 Männer. Wie viele Fahrgäste sind im Bus?

Rechnung: ______________________

Antwort: ______________________

1

·	3	5	6	7
2				
4				
8				

·	2	4	7	9
3				
6				
9				

2

3 Drei Wochen haben ____ Tage.

Sechs Wochen haben ____ Tage.

Neun Wochen haben ____ Tage.

Vier Wochen haben ____ Tage.

Siebzig Tage sind ____ Wochen.

Fünfunddreißig Tage sind ___ Wochen.

Neunundvierzig Tage sind ___ Wochen.

4 Paul verteilt 18 Bonbons gerecht an 6 Kinder.

Frage: ______________________

Rechnung: ______________________

Antwort: ______________________

1

___ · ___ = ___
___ · ___ = ___
___ : ___ = ___
___ : ___ = ___
• 8, 3, ___ •

___ · ___ = ___
___ · ___ = ___
___ : ___ = ___
___ : ___ = ___
• 7, ___, 56 •

2

32 : 4 = ___
32 : 8 = ___

36 : 4 = ___
36 : 9 = ___

28 : 4 = ___
28 : 7 = ___

15 : 5 = ___
15 : 3 = ___

40 : 5 = ___
40 : 8 = ___

16 : 2 = ___
16 : 8 = ___

3

6 · 7 = ___
42 : 7 = ___

8 · 6 = ___
___ : 6 = ___

9 · 9 = ___
___ : 9 = ___

7 · 8 = ___
___ : 8 = ___

9 · 2 = ___
___ : 2 = ___

7 · 3 = ___
___ : 3 = ___

4

Hunderterzahlen

1

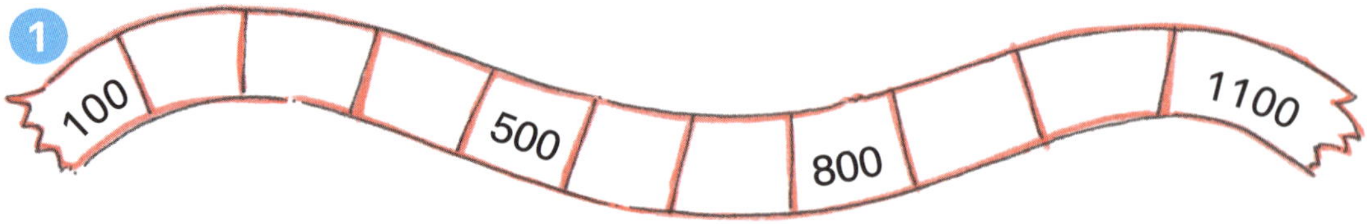

2 < oder >?

50 ⃝ 70 (filled in: 50 < 70) | 80 ⃝ 20 | 60 ⃝ 90
500 ⃝ 700 | 800 ⃝ 200 | 600 ⃝ 900

30 ⃝ 20 | 100 ⃝ 80 | 30 ⃝ 50
300 ⃝ 200 | 1000 ⃝ 800 | 300 ⃝ 500

3 <, > oder =?

400 ⃝ 600 | 200 ⃝ 100 | 700 ⃝ 300
700 ⃝ 700 | 400 ⃝ 800 | 900 ⃝ 1000

4

1000	
800	
600	
100	
400	
500	

1000	
	300
	0
	200
	700
	900

5

Zahl	200		400		100	50
Doppelte		600		1000		

Zahl	600		1000	200	100	800
Hälfte		200				

700	
	250

1 Streiche die falschen Aufgaben durch.

2

400 + 200 = ____	700 + 200 = ____	400 + 300 = ____
300 + 600 = ____	200 + 500 = ____	200 + 600 = ____
500 + 400 = ____	800 + 100 = ____	100 + 800 = ____

3

300 + ____ = 600	100 + ____ = 700	200 + ____ = 500
300 + ____ = 800	500 + ____ = 600	300 + ____ = 700
600 + ____ = 900	700 + ____ = 800	800 + ____ = 1000

4

800 = 400 + ____	600 = 100 + ____	400 = 200 + ____
700 = 200 + ____	500 = 300 + ____	900 = 500 + ____
300 = 100 + ____	900 = 700 + ____	800 = 600 + ____

5

	____ €
	____ €
	____ €
	____ €

Subtraktionsaufgaben mit Hunderterzahlen

1 Streiche falsche Aufgaben durch.

2

600 – 400 = ______ 400 – 200 = ______ 900 – 700 = ______

800 – 500 = ______ 500 – 100 = ______ 700 – 300 = ______

3

500 – ______ = 400 900 – ______ = 400 800 – ______ = 100

600 – ______ = 300 500 – ______ = 200 700 – ______ = 200

4

300 = 800 – ______ 400 = 500 – ______ 200 = 600 – ______

500 = 900 – ______ 600 = 800 – ______ 100 = 900 – ______

5

– 300	
800	
300	
500	

– 200	
	100
500	
	800

– 100	
500	
	900
	0

6 Streiche durch, was zu viel ist.
Die durchgestrichenen Scheine ergeben zusammen 600 €.

	500 €
	700 €
	900 €
	1000 €

1

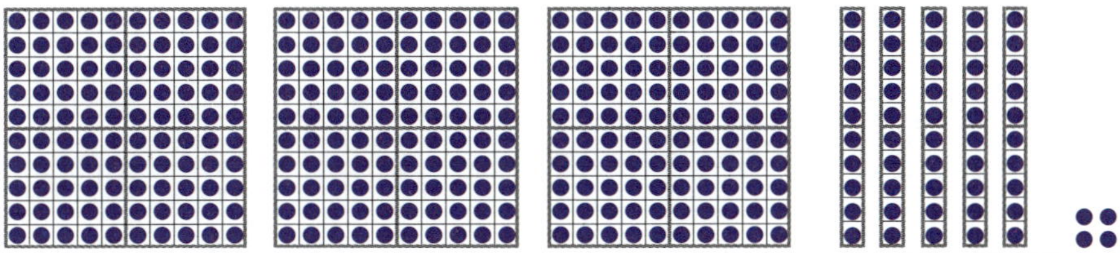

H	Z	E

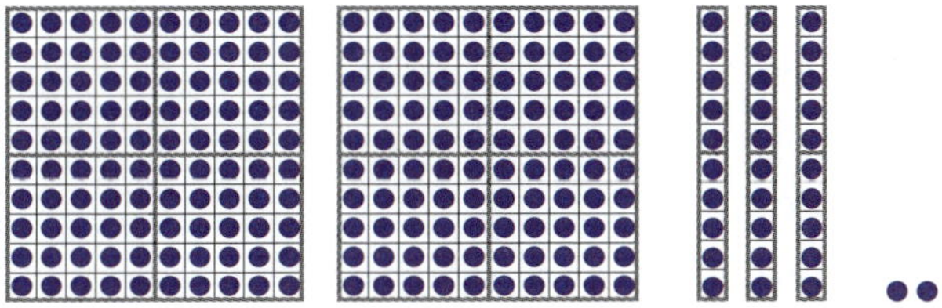

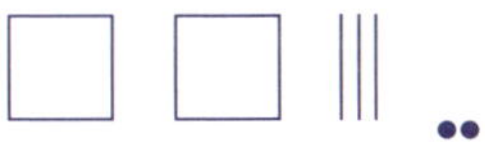

H	Z	E

2 Welche Zahlen sind es?

H	Z	E

H	Z	E

H	Z	E

H	Z	E

H	Z	E

H	Z	E

3 Male selbst Hunderter, Zehner und Einer.

234

367

145

530

705

Hunderter, Zehner und Einer

1

3 H + 4 Z + 2 E = ____

7 H + 2 Z + 5 E = ____

6 H + 1 Z + 7 E = ____

9 H + 3 Z + 8 E = ____

2 H + 2 Z + 4 E = ____

5 H + 7 Z + 1 E = ____

8 H + 11 Z + 9 E = ____

4 H + 7 Z + 17 E = ____

2

463 = 4 H + 6 Z + 3 E

512 = ____

742 = ____

316 = ____

640 = ____

507 = ____

3

zweihundertdreiundzwanzig ____

sechshundertfünfunddreißig ____

vierhundertsechsundfünfzig ____

neunhundertsiebenundachtzig ____

eintausend ____

dreihundertachtundneunzig ____

4 Pele hat gewürfelt. Bilde alle möglichen 3-stelligen Zahlen.

____ ____ ____

____ ____ ____

____ ____ ____

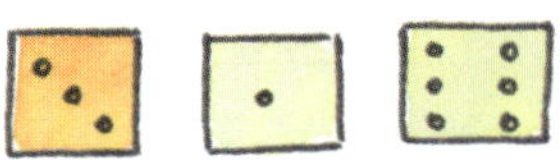

____ ____ ____

____ ____ ____

5 Bilde jeweils die kleinste und die größte 3-stellige Zahl.

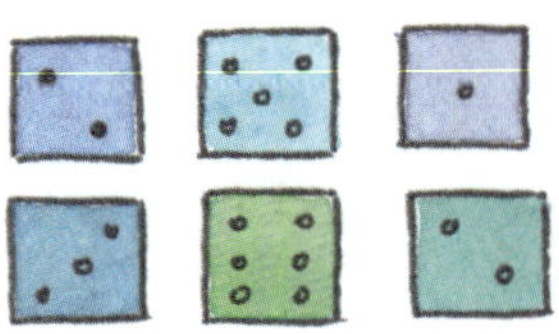

____ ____

____ ____

401	402								
411									
				425					
							438		

461									
									480

									500

Trage ein:

1. 410, 420, 430, 440, 450, 460, 470, 490

2. 406, 415, 424, 433, 442, 451

3. Welche Zahlen verstecken sich hier?

 : ______  : ______  : ______  : ______  : ______

 : ______  : ______  : ______  : ______  : ______

4. Ergänze:

432	433	
		454

464	

	427	

Zahlen bis 1000

1

201			
			234

	863		

2 Trage in die grauen Felder Zahlen ein.

		515	

	743		745

3 Ergänze. Male alle Felder mit geraden Zahlen rot, alle mit ungeraden Zahlen blau aus.

312			
322			
		344	

			698

1

2

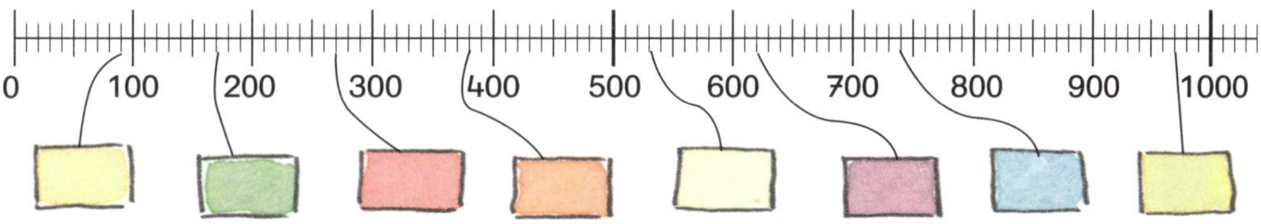

3

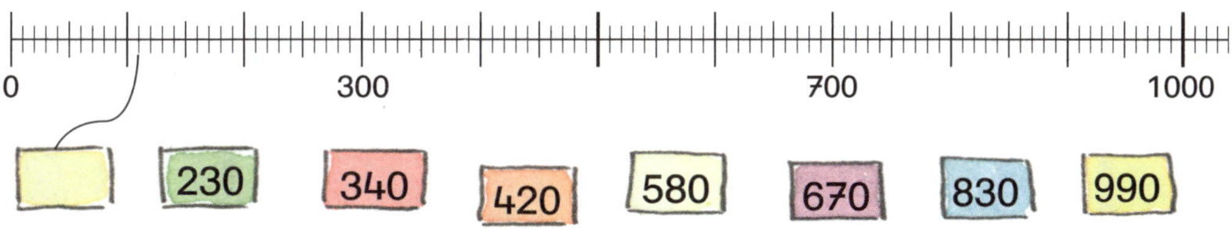

4 Nachbarzehner:

210 < 215 < 220	___ < 534 < ___	___ < 607 < ___
___ < 341 < ___	___ < 178 < ___	___ < 812 < ___
___ < 429 < ___	___ < 923 < ___	___ < 555 < ___

5 Nachbarhunderter:

400 < 416 < 500	___ < 403 < ___	___ < 228 < ___
___ < 345 < ___	___ < 776 < ___	___ < 854 < ___
___ < 687 < ___	___ < 512 < ___	___ < 993 < ___

6 Nachbarzahlen:

277 < 278 < 279	___ < 405 < ___	___ < 697 < ___
___ < 533 < ___	___ < 301 < ___	___ < 378 < ___
___ < 612 < ___	___ < 209 < ___	___ < 500 < ___

1

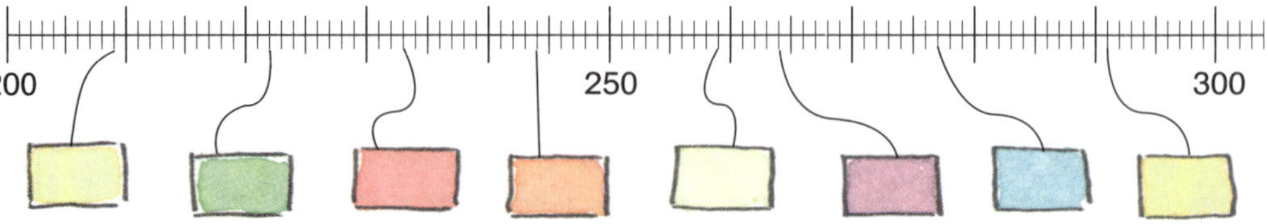

2

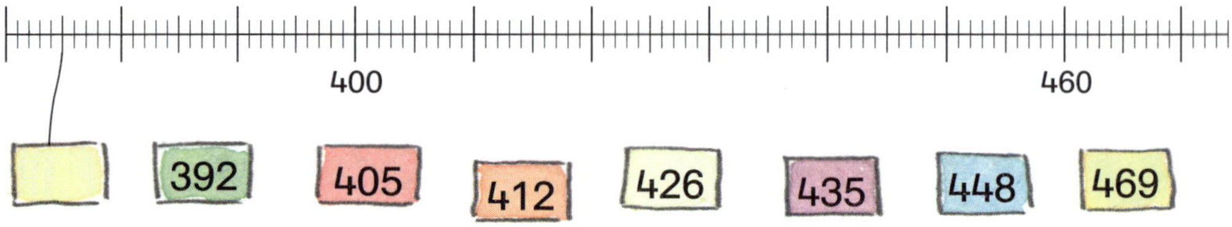

3

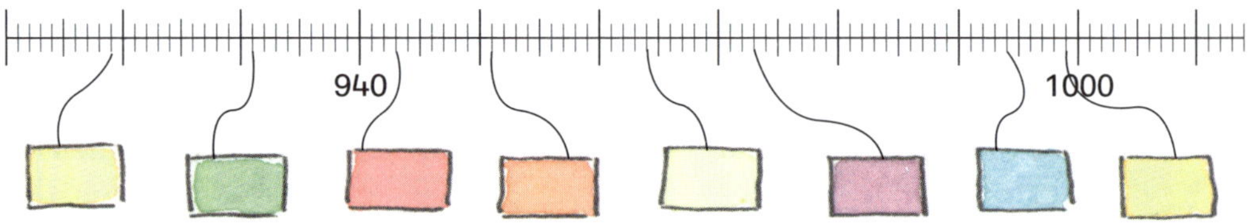

4 Welche Zahlen liegen zwischen

216 und 231: ____, ____, ____, ____, ____, ____,
____, ____, ____, ____, ____, ____, ____, ____

447 und 462: ____, ____, ____, ____, ____, ____,
____, ____, ____, ____, ____, ____, ____, ____

589 und 604: ____, ____, ____, ____, ____, ____,
____, ____, ____, ____, ____, ____, ____, ____

5

Vorgänger	Zahl	Nachfolger
	475	
	386	
	294	
	300	
	599	

Vorgänger	Zahl	Nachfolger
375		
		286
		500
		1000
488		

1

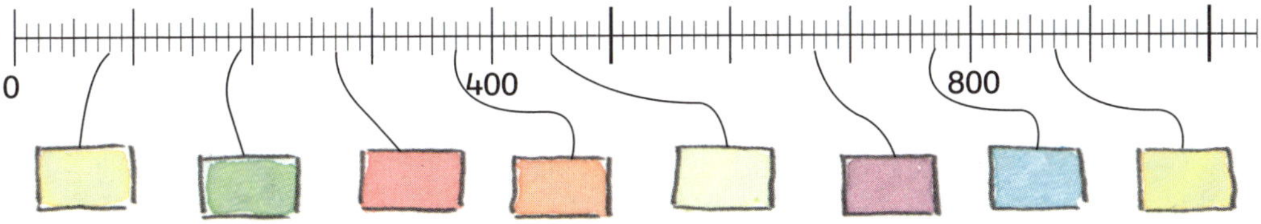

2

285 292 307 315 326 341 354 372

3

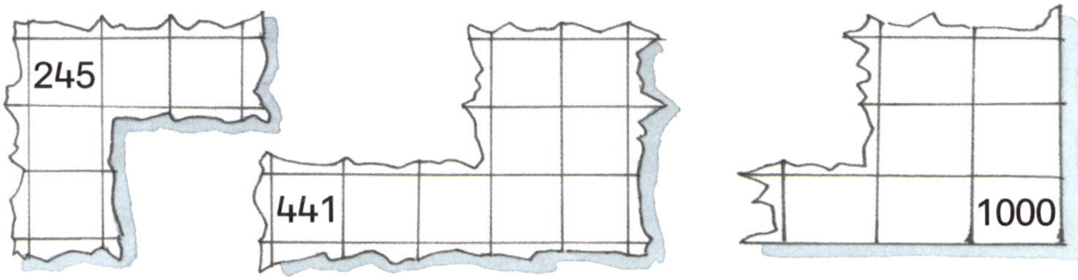

4 Nachbarzehner: Nachbarhunderter:

220 < 223 < ____ ____ < 407 < ____ ____ < 817 < ____

____ < 345 < ____ ____ < 503 < ____ ____ < 312 < ____

____ < 436 < ____ ____ < 699 < ____ ____ < 999 < ____

5

Vorgänger	Zahl	Nachfolger
	236	
	899	
	301	
	581	

Vorgänger	Zahl	Nachfolger
516		
	740	
	685	
		1000

6

Addieren und subtrahieren von Zehnerzahlen

1

250 + 40 = ___ 710 + 80 = ___ 170 + 20 = ___
320 + 70 = ___ 620 + 40 = ___ 460 + 20 = ___
430 + 60 = ___ 540 + 50 = ___ 710 + 60 = ___
340 + 50 = ___ 930 + 30 = ___ 840 + 40 = ___

2

240 – 20 = ___ 740 – 30 = ___ 660 – 30 = ___
190 – 70 = ___ 870 – 40 = ___ 180 – 50 = ___
350 – 30 = ___ 580 – 60 = ___ 370 – 60 = ___
470 – 50 = ___ 960 – 50 = ___ 290 – 40 = ___

3

520 + ___ = 570 610 + ___ = 640 240 + ___ = 260
330 + ___ = 390 750 + ___ = 780 460 + ___ = 490

4

870 – ___ = 860 580 – ___ = 510 350 – ___ = 330
990 – ___ = 950 460 – ___ = 420 690 – ___ = 610

5

+	60	70	80	90
250				
470				
760				

–	30	40		60
320				
	480			
830			780	

6

650 + ___ = 730 160 + ___ = 250 570 + ___ = 630
240 + ___ = 330 880 + ___ = 960 740 + ___ = 820

7

890 – ___ = 870 260 – ___ = 190 380 – ___ = 290
540 – ___ = 480 750 – ___ = 680 630 – ___ = 570

8 Welche Zahl erhalte ich, wenn ich das Doppelte von 45 von der Hälfte von 880 abziehe?

___

1 Ordne die Ergebnisse jeder Farbe nach der Größe.
Beginne mit der größten Zahl.

439 – 6	A
736 + 0	U
583 + 2	H
581 + 7	A
875 + 2	S
435 + 2	M
587 + 2	M
498 – 5	R
432 + 7	I
588 – 7	T
731 + 8	D
582 + 4	C
871 + 7	A
873 + 6	D
497 – 2	P
587 – 4	S

D __ __   __ __ __ __ __ __   __ __   __ __ __ __ __ !

2

662 + ___ = 669	374 + ___ = 376	425 + ___ = 429
111 + ___ = 119	813 + ___ = 817	901 + ___ = 908

3

569 – ___ = 566	957 – ___ = 952	823 – ___ = 821
718 – ___ = 711	199 – ___ = 195	626 – ___ = 622

4

46 + 8 = ___	74 + 9 = ___	84 + 7 = ___
246 + 8 = ___	574 + 9 = ___	384 + 7 = ___
746 + 8 = ___	974 + 9 = ___	884 + 7 = ___

5

28 – 9 = ___	84 – 8 = ___	37 – 8 = ___
328 – 9 = ___	484 – 8 = ___	237 – 8 = ___
928 – 9 = ___	884 – 8 = ___	737 – 8 = ___

6

694 + ___ = 701	992 – ___ = 988	833 + ___ = 841
368 + ___ = 372	408 – ___ = 399	713 – ___ = 706
725 + ___ = 733	504 – ___ = 497	249 + ___ = 255

1

620 + 23 = ____ 923 + 70 = ____ 346 + 59 = ____
230 + 56 = ____ 847 + 50 = ____ 556 + 37 = ____
440 + 31 = ____ 652 + 30 = ____ 717 + 79 = ____
710 + 88 = ____ 136 + 60 = ____ 475 + 28 = ____

2

782 – 40 = ____ 690 – 47 = ____ 881 – 57 = ____
339 – 20 = ____ 970 – 26 = ____ 776 – 58 = ____
688 – 60 = ____ 580 – 62 = ____ 983 – 74 = ____
293 – 70 = ____ 460 – 34 = ____ 342 – 33 = ____

3

226 + ____ = 279 345 + ____ = 394 522 + ____ = 578
631 + ____ = 685 414 + ____ = 467 319 + ____ = 347

4

579 – ____ = 527 289 – ____ = 241 878 – ____ = 823
968 – ____ = 911 675 – ____ = 634 999 – ____ = 963

5 Streiche falsche Ergebnisse durch.

+	54	62	47	73
461	515	523	506	534
790	843	852	837	862

–	76	42	64	53
230	153	188	165	177
817	741	775	752	764

6

	____	
____	75	
130	26	____

	____	
____	____	
387	45	40

	221	
150	____	
90	____	____

	____	
____	148	
42	18	____

	____	
____	____	
50	70	29

	208	
____	____	
100	____	38

482 + 157 =
400 + 100 =
80 + 50 =
2 + 7 =

482 + 157 =
482 + 100 =
582 + 50 =
632 + 7 =

1

653 + 271 = ____ 342 + 287 = ____ 574 + 165 = ____

499 + 348 = ____ 587 + 295 = ____ 496 + 336 = ____

267 + 454 = ____ 793 + 188 = ____ 357 + 276 = ____

2 Rechne nach und schreibe die Aufgaben richtig auf.

483 + 142 = 525 291 + 294 = 565

Halbschriftlich subtrahieren

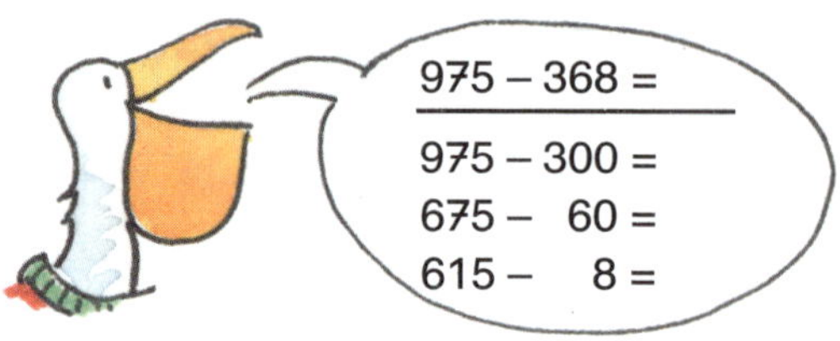

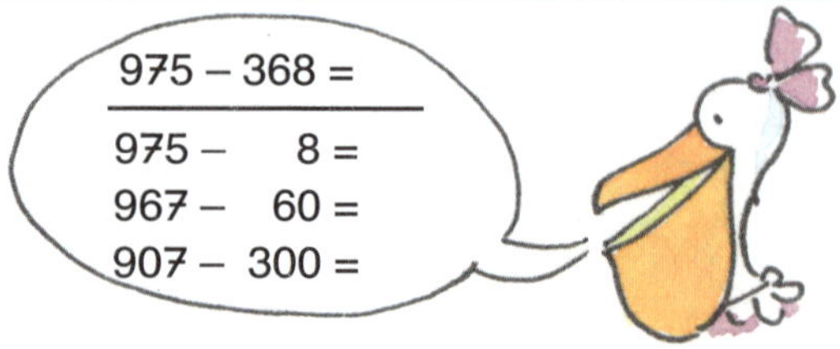

1

418 – 155 = ____ 532 – 271 = ____ 856 – 384 = ____

763 – 289 = ____ 937 – 668 = ____ 624 – 145 = ____

333 – 147 = ____ 551 – 284 = ____ 418 – 279 = ____

974 – 359 = ____ 748 – 266 = ____ 467 – 177 = ____

2 Rechne im Kopf.

530 – 140 = ____ 420 – 190 = ____ 1000 – 545 = ____

670 – 75 = ____ 810 – 150 = ____ 1000 – 324 = ____

945 – 150 = ____ 240 – 85 = ____ 1000 – 705 = ____

888 – 111 = ____ 630 – 95 = ____ 1000 – 128 = ____

1

900	
841	
825	
887	
873	

600	
561	
544	
528	
579	

500	
	27
	62
	41
	98

2

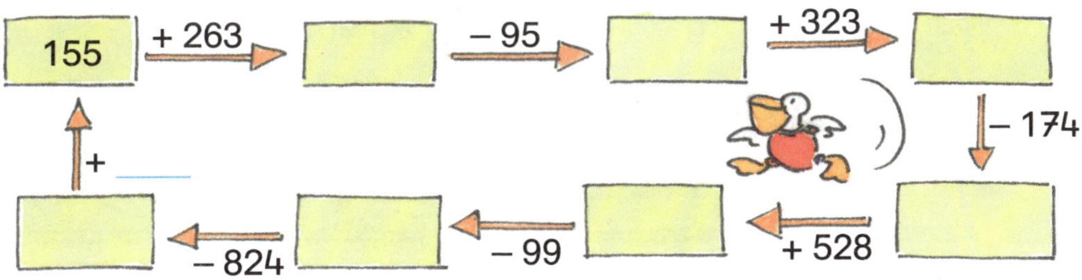

3 Ich denke mir eine Zahl. Sie ist um 41 größer als 342.

Lösung: ______________________________

Tobias sagt: „Wenn du zu 532 die Zahl 148 dazuzählst, erhältst du meine Zahl."

Lösung: ______________________________

Welche Zahl erhältst du, wenn du 333 verdoppelst und das Ergebnis um 53 verminderst?

Lösung: ______________________________

Halbiere 330 und zähle das Doppelte von 242 dazu.

Lösung: ______________________________

1

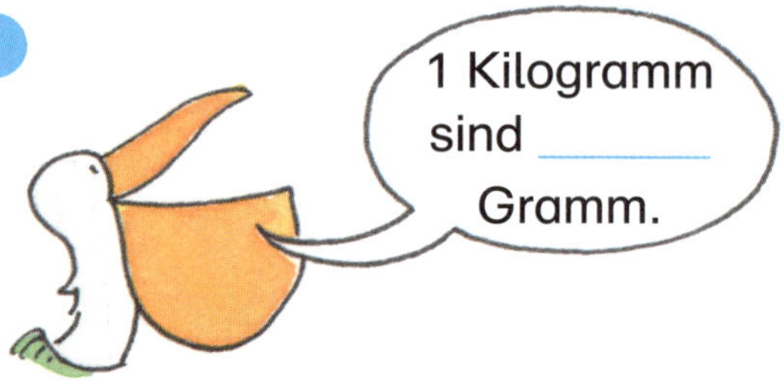

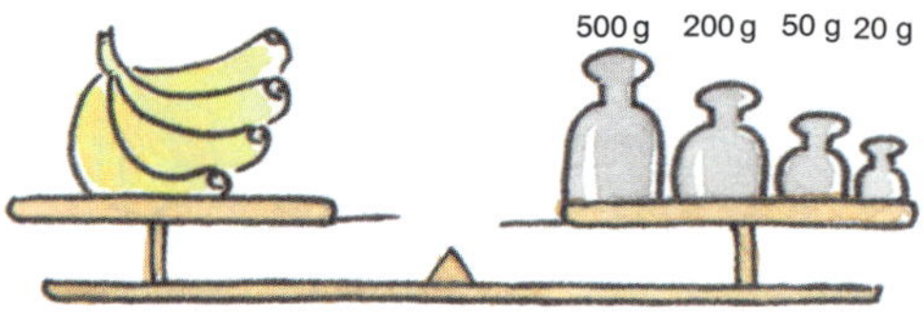

Bananen: ______ g

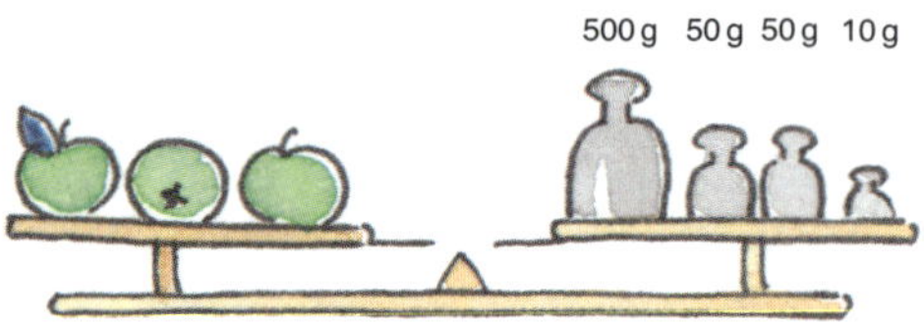

Äpfel: ______ g

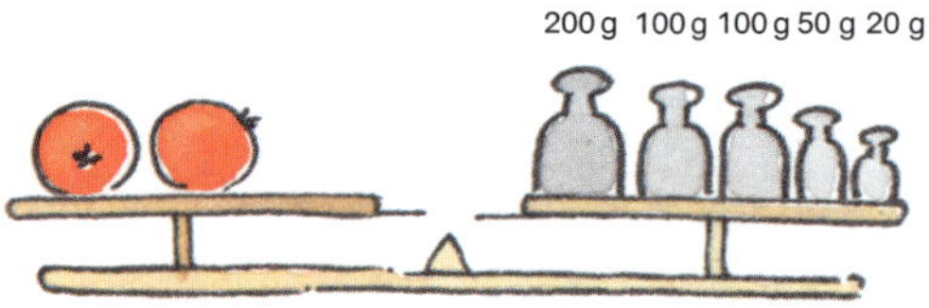

Orangen: ______ g

Pfirsiche: ______ g

2 Kreuze an, welche Gewichte Pele benutzt:

	500g	200g	200g	100g	50g	20g	20g	10g	5g	2g	1g
728g	X										
473g											
297g											
655g											
906g											

3 Wie viele Gramm fehlen zu einem Kilogramm?

820g + ______ g = 1kg

750g + ______ g = 1kg

370g + ______ g = 1kg

90g + ______ g = 1kg

405g + ______ ___ = 1kg

666g + ______ ___ = 1kg

195g + ______ ___ = 1kg

917g + ______ ___ = 1kg

1

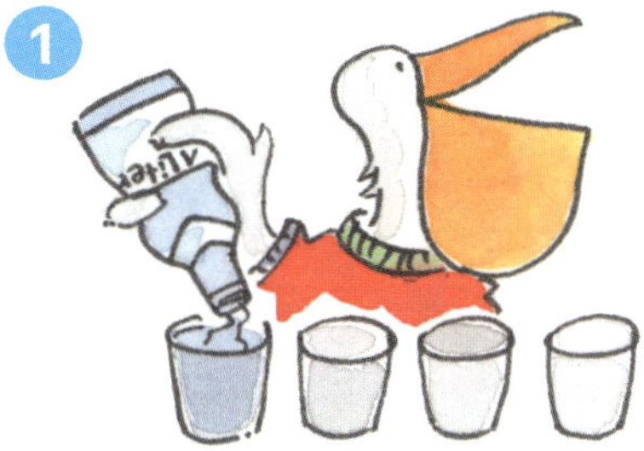

In 1 Glas passt $\frac{1}{4}$ Liter.

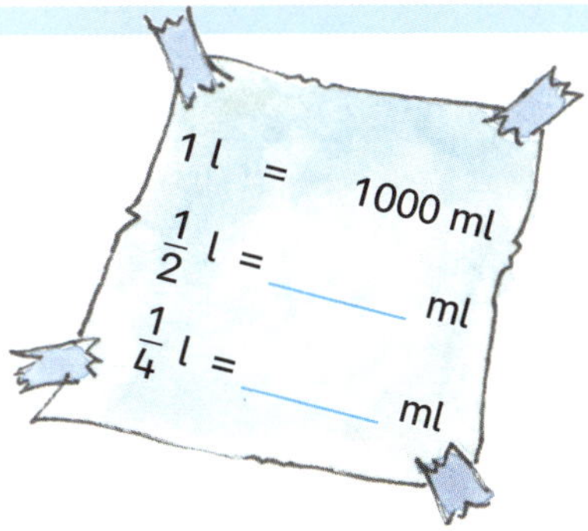

2

Peles Wasserflasche ist noch halb voll.

Das sind ______ ml. Er kann damit ___ Gläser

füllen, weil in 1 Glas ______ ml passen.

3

Die große Tonne wird mit Wasser gefüllt.
Wie oft laufen die Kinder?

Pele 

Finn 

Mara 

Pele: _____ · 1 l = 30 l   Finn: ___ · 5 l = 30 l   Mara: ___ · 10 l = 30 l

4 Wie viele Milliliter fehlen zu 1 Liter?

350 ml + ______ ml = 1 l	690 ml + ______ ml = 1 l
459 ml + ______ ______ = 1 l	888 ml + ______ ______ = 1 l
216 ml + ______ ______ = 1 l	734 ml + ______ ______ = 1 l

310 ml • 112 ml • 266 ml • 286ml • 541 ml • 650 ml • 784 ml

5 Ordne nach der Größe:

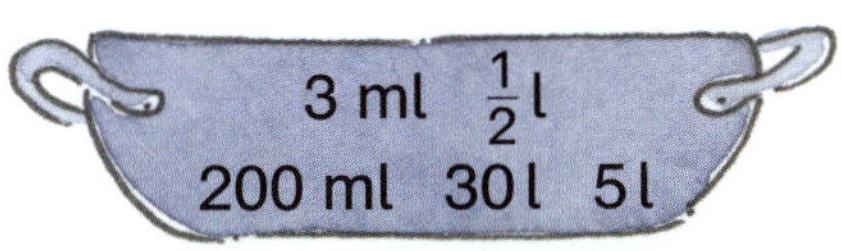

____ < ____ < ____ < ____ < ____

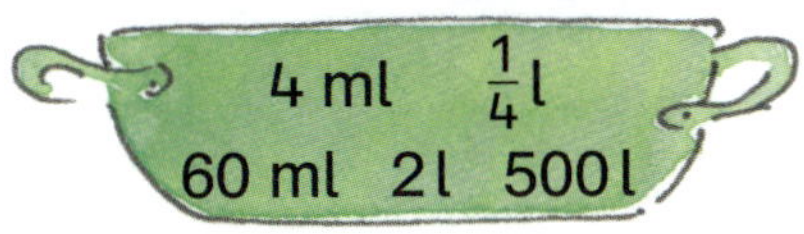

____ < ____ < ____ < ____ < ____

1 Welche Figuren sind symmetrisch? Kreuze an.
Zeichne die Spiegelachsen ein.

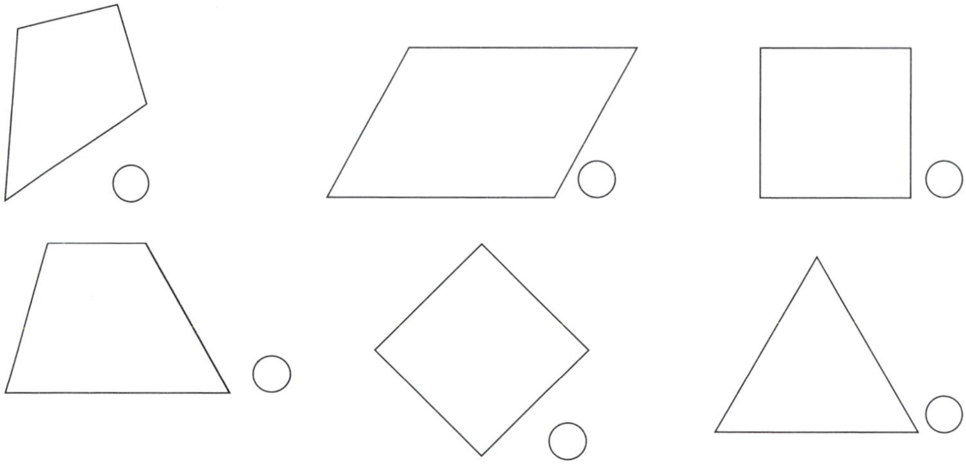

2 Ergänze zu symmetrischen Figuren.

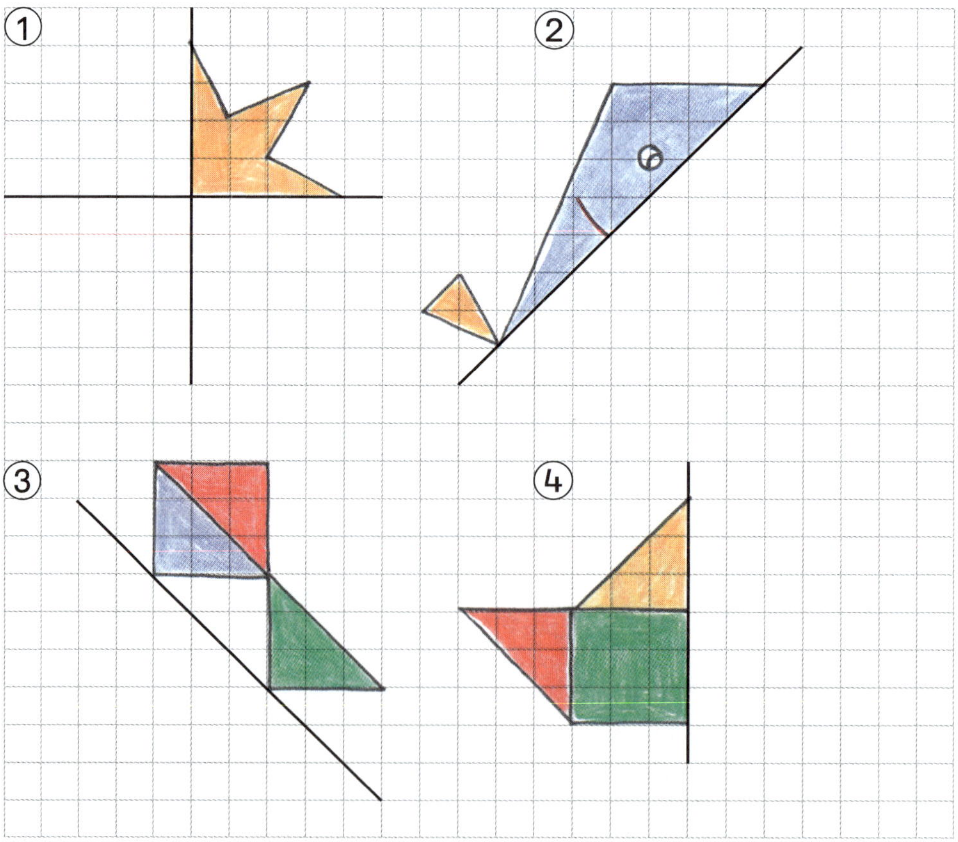

1 462 + 45 = ______ 376 + 95 = ______ 284 + 39 = ______

716 + 84 = ______ 537 + 85 = ______ 615 + 67 = ______

2 230 – 54 = ______ 425 – 68 = ______ 603 – 44 = ______

312 – 36 = ______ 517 – 93 = ______ 711 – 88 = ______

3 346 + 253 = ______ 497 + 362 = ______ 576 + 348 = ______

4 648 – 258 = ______ 317 – 165 = ______ 452 – 297 = ______

5 Meine Zahl ist um 56 größer als das Doppelte von 222.
Wie heißt meine Zahl? ______

6 Meine Zahl ist um 56 kleiner, als die Hälfte von 1000.
Wie heißt meine Zahl? ______

7 Ergänze zu 1 kg.

1 kg	450 g	360 g	95 g	555 g				
					112 g	901 g	763 g	4 g

8 Ergänze zu 1 Liter.

1 l	340 ml	420 ml	635 ml	10 ml		
					900 ml	385 ml

1

612 + 247	236 + 463	713 + 285	324 + 203	532 + 317

2 Schreibe untereinander und rechne.

463 + 225	116 + 73	537 + 251
342 + 254	824 + 163	64 + 423

3 Pele hat mit Tinte gekleckst. Ergänze.

463 + 2 695	1 + 3 4 796	612 + 4 9 6	52 + 8 759	 + 352 597

4

241 + 32 + 112	635 + 223 + 41	312 + 115 + 252	407 + 260 + 132	112 + 75 + 12
310 + 422 + 147	445 + 210 + 13	502 + 162 + 221		

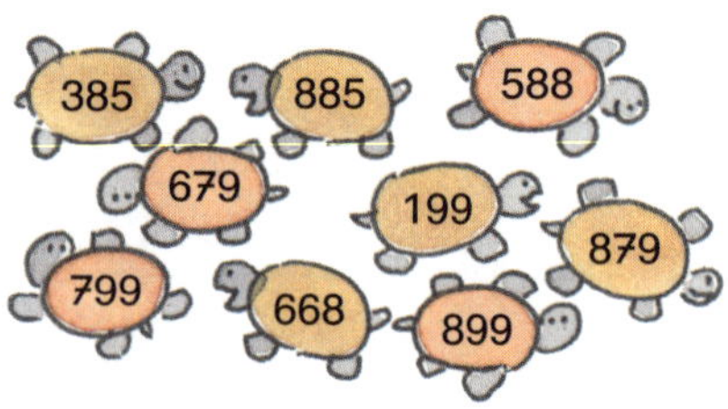

1

	4	3	6
+	2	6	7

	3	4	8
+	1	6	9

	6	8	4
+	2	9	8

	7	0	7
+	1	9	9

	5	1	2
+	3	9	9

2 Schreibe untereinander und rechne.

463 + 188   763 + 98   477 + 257

275 + 397   809 + 169   99 + 576

3 Pele hat Zahlen verwischt. Ergänze.

	5	2	
+			8
	9	1	2

		2	
+	3		4
	6	8	3

	4	1	2
+		4	
	7		0

	5	7	3
+	3		
	9	0	2

+	3	4	8
	5	2	1

4

	2	4	5
+		7	6
+	1	4	9

	5	1	7
+	1	9	8
+	1	0	0

	3	1	2
+		9	8
+		7	5

	6	0	7
+	1	9	9
+	1	0	8

		4	7
+	2	3	6
+	4	7	5

	6	7	3
+	1	9	8
+	1	2	9

	5	3	6
+	3	9	9
+		1	1

	1	3	6
+	2	1	9
+	3	4	5

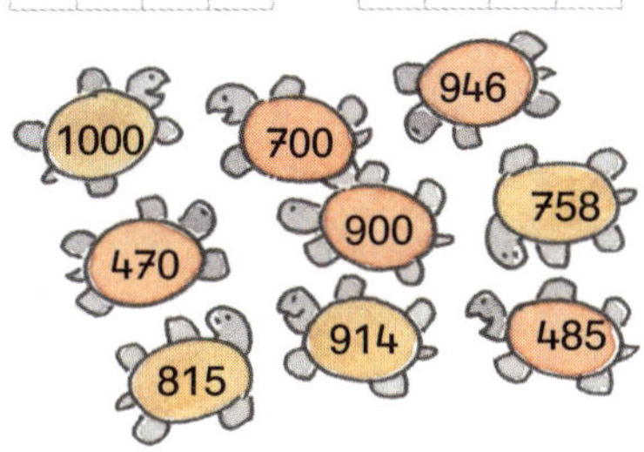

Schriftliche Addition mit Kommazahlen

1

		1	5,	6	8	€
	+		7,	4	8	€

	1	4	5,	5	3	€
+		6	7,	3	6	€

	4	0	3,	7	1	€
+	2	9	7,	6	8	€

2 Schreibe untereinander und rechne.

137,45 € + 62,73 €

463,25 € + 345,95 €

677,75 € + 78,76 €

512,40 € + 125,75 €

475,82 € + 85 €

385 € + 97,63 €

482,63 € | 638,15 € | 809,20 € | 772,10 € | 560,82 € | 756,51 € | 200,18 €

3

Anna kauft:

Mirko kauft:

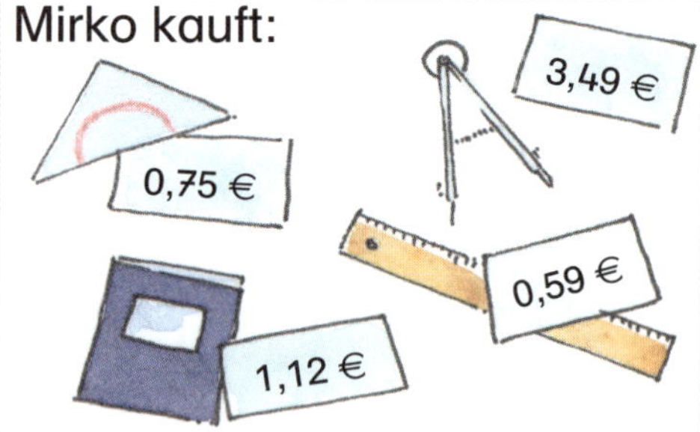

Anna bezahlt ______ Euro. Mirko bezahlt ______ Euro.

1

456	573	877	349	986
− 345	− 251	− 552	− 125	− 274

2 Schreibe untereinander und rechne.

462 − 141   298 − 75   869 − 557

778 − 536   357 − 246   699 − 78

312   321   311   223   111   621   242

3 Pele hat mit Tinte gekleckst. Ergänze.

65_	8_5	_75	___	543
− __2	− _2_	− 25_	− 234	− ___
226	572	6_2	741	130

4

645	486	879	975	887
− 112	− 243	− 212	− 150	− 211
− 21	− 100	− 425	− 314	− 346

769	999	555
− 214	− 352	− 111
− 143	− 11	− 222

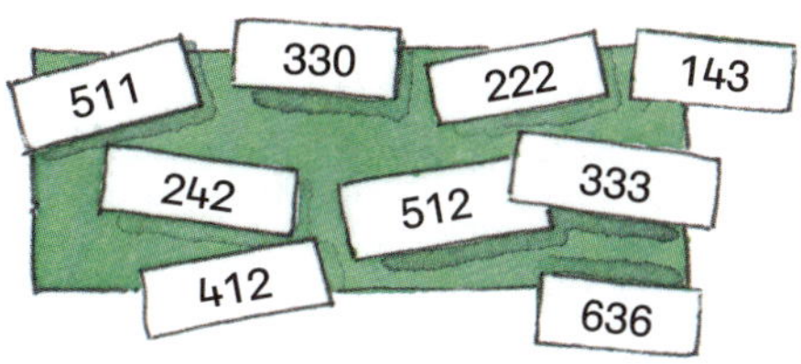

1

712	905	1000	411	623
− 568	− 336	− 465	− 178	− 245

2 Schreibe untereinander und rechne.

812 − 436	732 − 569	1000 − 436
521 − 276	917 − 779	1000 − 581

245 419 376 138 163 168 564

3 Pele hat Zahlen verwischt. Ergänze.

65_	520	_75	___	4_1
− __2	− 3__	− 29_	− 196	− _2_
267	_13	2_1	774	273

4

450	255	546	325	720
− 236	− 167	− 235	− 136	− 438
− 145	− 23	− 163	− 75	− 95

812	603	1000
− 124	− 175	− 345
− 365	− 124	− 276

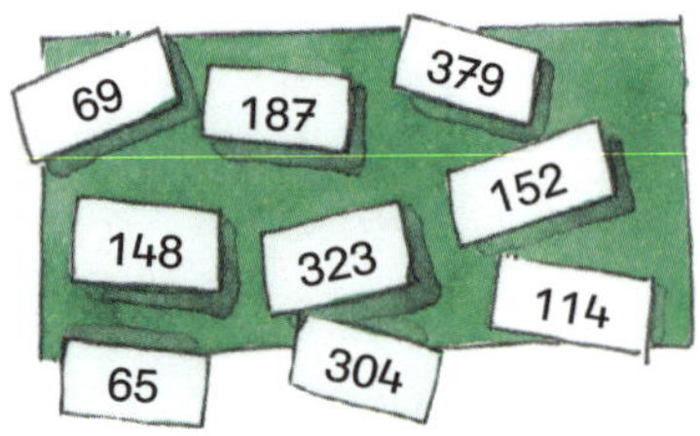

1

	1	5,	5	0	€
–		6,	7	5	€

	6	4,	2	6	€
–		9,	4	5	€

	7	1,	4	5	€
–		7,	9	5	€

	6	3,	2	0	€
–		8,	3	6	€

2 Schreibe untereinander und rechne.

235,36 € – 45,63 €

512,75 € – 136,48 €

375,25 € – 95,75 €

625,95 € – 395,25 €

468 € – 145,36 €

375,25 € – 198 €

230,70 € | 376,27 € | 177,25 € | 279,50 € | 331,27 € | 322,64 € | 189,73 €

3

69,50 €

gegeben: 

zurück: ______ €

95,99 €

15,95 €

gegeben: 

zurück: ______ €

1 1 cm = ___ mm

Miss die Länge der Strecken.

A├──────────┤B $\overline{AB}$ = ___ mm = ___ cm ___ mm

C├───────┤D $\overline{CD}$ = ___ mm = ___ cm ___ mm

E├─────────────┤F $\overline{EF}$ = ___ mm = ___ cm ___ mm

2 Zeichne folgende Strecken:

$\overline{AB}$ = 4 cm 3 mm   A├···

$\overline{CD}$ = 2 cm 6 mm   C├···

$\overline{EF}$ = 6 cm 8 mm   E├···

3 1 m = ___ cm

2 m = ___ cm   5 m = ___ cm   10 m = ___ cm

___ m = 400 cm   ___ m = 900 cm   ___ m = 250 cm

4 1,25 m = 1 m 25 cm = ___ cm

3,74 m = ___ m ___ cm = ___ cm

0,81 m = ___ m ___ cm = ___ cm

5,99 m = ___ m ___ cm = ___ cm

5 Größer oder kleiner?

Peter ist heute ___ cm ___ als Ines. Im Mai war sie ___ cm ___ als er.

Ines ist heute ___ cm ___ als sie im Mai war.

Lösungen (heraustrennbar)

Wiederholung

Wiederholung

1

46 + 53 = 99	35 + 37 = 72	46 + 28 = 74
72 + 25 = 97	64 + 27 = 91	86 + 13 = 99
31 + 47 = 78	22 + 26 = 48	24 + 37 = 61
23 + 41 = 64	19 + 33 = 52	38 + 44 = 82

2

87 − 72 = 15	46 − 11 = 35	39 − 13 = 26
96 − 65 = 31	84 − 38 = 46	79 − 28 = 51
77 − 38 = 39	99 − 67 = 32	48 − 33 = 15
58 − 39 = 19	51 − 29 = 22	80 − 47 = 33

3

47 + 32 = 79
32 + 47 = 79
79 − 32 = 47
79 − 47 = 32

• 47, 32, 79 •

54 + 32 = 86
32 + 54 = 86
86 − 32 = 54
86 − 54 = 32

• 54, 32, 86 •

4

13 € / 25 €	45 € / 36 €	22 € / 19 €
gegeben:	gegeben:	gegeben:
zurück: 12 €	zurück: 19 €	zurück: 9 €

1

+	28	45	39	51
34	62	79	73	85
43	71	88	82	94
12	40	57	51	63
49	77	94	88	100

−	57	26	64	42
81	24	55	17	39
92	35	66	28	50
83	26	57	19	41
100	43	74	36	58

2

65
32 | 33
18 | 14 | 19

100
51 | 49
11 | 40 | 9

68
33 | 35
15 | 18 | 17

3

37+26= 63 | 63 −32= 31 | 31 −16= 15 | 15 +50= 65 | 65 +34= 99

100−33= 67 | 67 −17 = 50 | 50 +21= 71 | 71 +11= 82 | 82 −82= 0

4 Susi hat 25 Euro gespart. Sie kauft sich für 7 Euro ein Buch und für 3 Euro Sticker.

Frage: Wie viel Geld hat Susi noch übrig?

Rechnung: 7 € + 3 € = 10 €, 25 € − 10 € = 15 €

Antwort: Susi hat noch 15 € übrig.

In einem Bus sitzen 12 Kinder, 17 Frauen und 19 Männer. Wie viele Fahrgäste sind im Bus?

Rechnung: 12 + 17 + 19 = 48

Antwort: Es sind 48 Fahrgäste im Bus.

Wiederholung

Wiederholung

1

·	3	5	6	7
2	6	10	12	14
4	12	20	24	28
8	24	40	48	56

·	2	4	7	9
3	6	12	21	27
6	12	24	42	54
9	18	36	63	81

2

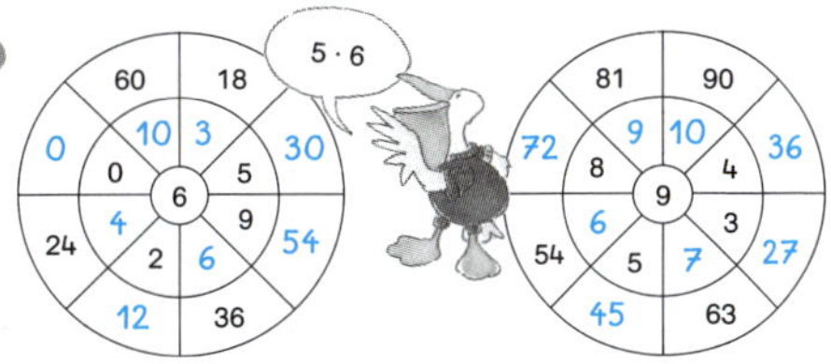

3 Drei Wochen haben 21 Tage.
Sechs Wochen haben 42 Tage.
Neun Wochen haben 63 Tage.
Vier Wochen haben 28 Tage.
Siebzig Tage sind 10 Wochen.
Fünfunddreißig Tage sind 5 Wochen.
Neunundvierzig Tage sind 7 Wochen.

4 Paul verteilt 18 Bonbons gerecht an 6 Kinder.

Frage: Wie viele Bonbons bekommt jedes Kind?

Rechnung: 18 : 6 = 3

Antwort: Jedes Kind bekommt 3 Bonbons.

Wiederholung

1

8 · 3 = 24
3 · 8 = 24
24 : 3 = 8
24 : 8 = 3

• 8, 3, 24 •

7 · 8 = 56
8 · 7 = 56
56 : 8 = 7
56 : 7 = 8

• 7, 8, 56 •

2

32 : 4 = 8 | 36 : 4 = 9 | 28 : 4 = 7
32 : 8 = 4 | 36 : 9 = 4 | 28 : 7 = 4

15 : 5 = 3 | 40 : 5 = 8 | 16 : 2 = 8
15 : 3 = 5 | 40 : 8 = 5 | 16 : 8 = 2

3

6 · 7 = 42 | 8 · 6 = 48 | 9 · 9 = 81
42 : 7 = 6 | 48 : 6 = 8 | 81 : 9 = 9

7 · 8 = 56 | 9 · 2 = 18 | 7 · 3 = 21
56 : 8 = 7 | 18 : 2 = 9 | 21 : 3 = 7

4

Hunderterzahlen

1

2 < oder >?

50 < 70 | 80 > 20 | 60 < 90
500 < 700 | 800 > 200 | 600 < 900

30 > 20 | 100 > 80 | 30 < 50
300 > 200 | 1000 > 800 | 300 < 500

3 <, > oder =?

400 < 600 | 200 > 100 | 700 > 300
700 = 700 | 400 < 800 | 900 < 1000

4

1000	
800	200
600	400
100	900
400	600
500	500

1000	
700	300
1000	0
800	200
300	700
100	900

5

Zahl	200	300	400	500	100	50
Doppelte	400	600	800	1000	200	100

Zahl	600	400	1000	200	100	800
Hälfte	300	200	500	100	50	400

700	500
350	250

Additionsaufgaben mit Hunderterzahlen

1 Streiche die falschen Aufgaben durch.

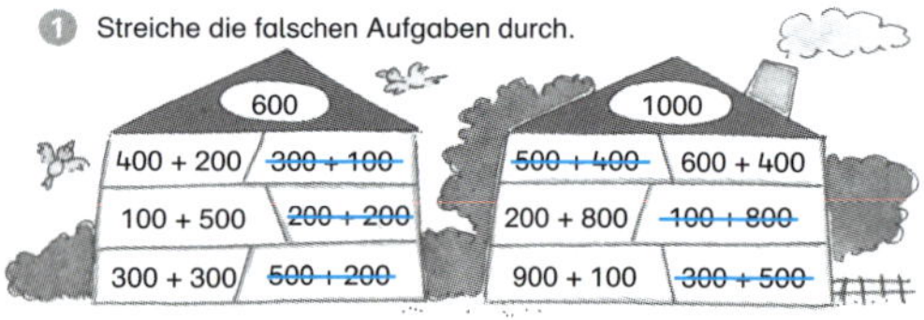

2

400 + 200 = 600 | 700 + 200 = 900 | 400 + 300 = 700
300 + 600 = 900 | 200 + 500 = 700 | 200 + 600 = 800
500 + 400 = 900 | 800 + 100 = 900 | 100 + 800 = 900

3

300 + 300 = 600 | 100 + 600 = 700 | 200 + 300 = 500
300 + 500 = 800 | 500 + 100 = 600 | 300 + 400 = 700
600 + 300 = 900 | 700 + 100 = 800 | 800 + 200 = 1000

4

800 = 400 + 400 | 600 = 100 + 500 | 400 = 200 + 200
700 = 200 + 500 | 500 = 300 + 200 | 900 = 500 + 400
300 = 100 + 200 | 900 = 700 + 200 | 800 = 600 + 200

5

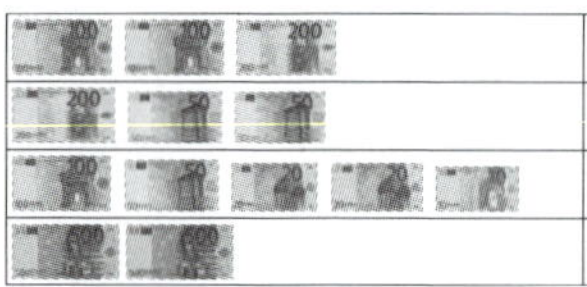

	400 €
	300 €
	200 €
	1000 €

Subtraktionsaufgaben mit Hunderterzahlen

1 Streiche falsche Aufgaben durch.

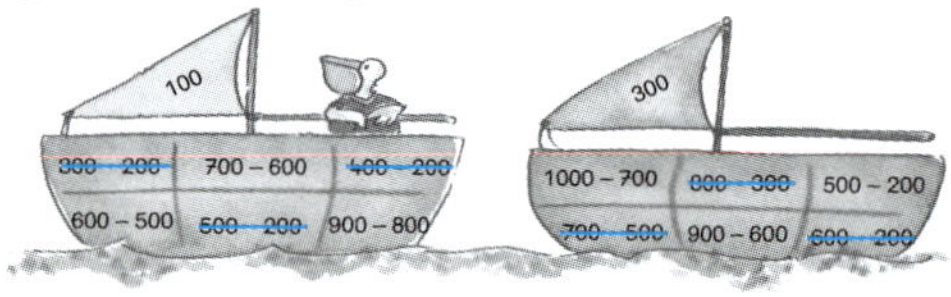

2

600 – 400 = 200 | 400 – 200 = 200 | 900 – 700 = 200
800 – 500 = 300 | 500 – 100 = 400 | 700 – 300 = 400

3

500 – 100 = 400 | 900 – 500 = 400 | 800 – 700 = 100
600 – 300 = 300 | 500 – 300 = 200 | 700 – 500 = 200

4

300 = 800 – 500 | 400 = 500 – 100 | 200 = 600 – 400
500 = 900 – 400 | 600 = 800 – 200 | 100 = 900 – 800

5

– 300	
800	500
300	0
500	200

– 200	
300	100
500	300
1000	800

– 100	
500	400
1000	900
100	0

6 Streiche durch, was zu viel ist.
Die durchgestrichenen Scheine ergeben zusammen 600 €.

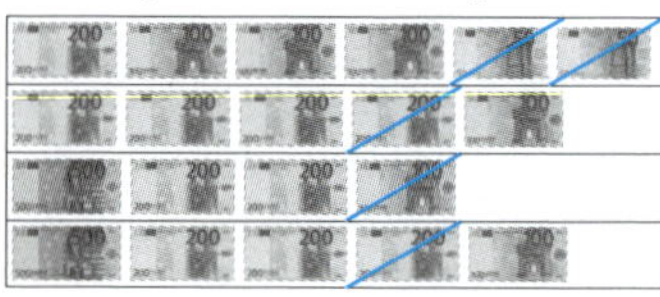

	500 €
	700 €
	900 €
	1000 €

1

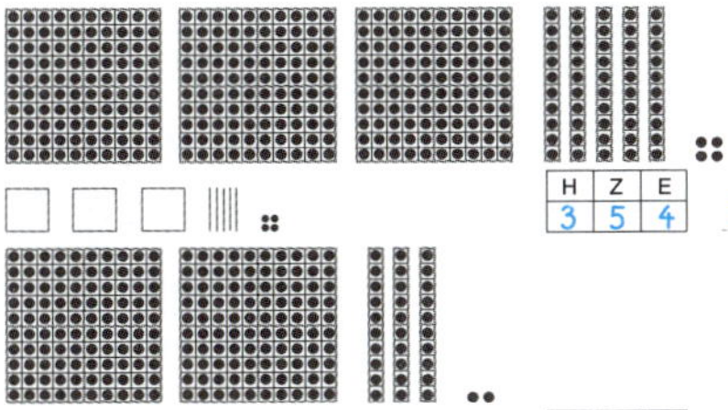

H	Z	E
3	5	4

354

H	Z	E
2	3	2

232

2 Welche Zahlen sind es?

H	Z	E	
7	2	3	723
4	9	2	492
6	4	5	645
5	5	0	550
3	8	8	388
7	0	3	703

3 Male selbst Hunderter, Zehner und Einer.

234

367

145

530

705

1
3 H + 4 Z + 2 E = 342
7 H + 2 Z + 5 E = 725
6 H + 1 Z + 7 E = 617
9 H + 3 Z + 8 E = 938

2 H + 2 Z + 4 E = 224
5 H + 7 Z + 1 E = 571
8 H + 11 Z + 9 E = 919
4 H + 7 Z + 17 E = 487

2
463 = 4 H + 6 Z + 3 E
512 = 5H + 1Z + 2E
742 = 7H + 4Z + 2E

316 = 3H + 1Z + 6E
640 = 6H + 4Z + 0E
507 = 5H + 0Z + 7E

3
zweihundertdreiundzwanzig: 223
sechshundertfünfunddreißig: 635
vierhundertsechsundfünfzig: 456
neunhundertsiebenundachtzig: 987
eintausend: 1000
dreihundertachtundneunzig: 398

4 Pele hat gewürfelt. Bilde alle möglichen 3-stelligen Zahlen.

151 115 511
245 254 452 425 542 524
316 361 163 136 631 613

5 Bilde jeweils die kleinste und die größte 3-stellige Zahl.

125 521
236 632

401	402				406			X	410
411				415		☆			420
	✿		424	425					430
		433	🍎				438		440
	442				🍂				450
451		☺							460
461					🪐				470
									480
		🌱						🍸	490
							🐟		500

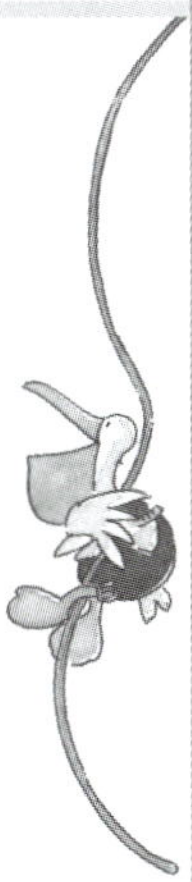

Trage ein:

1 410, 420, 430, 440, 450, 460, 470, 490

2 406, 415, 424, 433, 442, 451

3 Welche Zahlen verstecken sich hier?

X : 409 🍎 : 434 🍂 : 446 ☺ : 453 ✿ : 422
🍸 : 489 🪐 : 466 🐟 : 498 🌱 : 483 ☆ : 417

4 Ergänze:

432	433	434
442	443	444
		454

454	455
464	
474	

	417	
426	427	428
	437	

1

201	202	203	204
211	212	213	214
221	222	223	224
231	232	233	234

832	833	834	835
842	843	844	845
852	853	854	855
862	863	864	865

2 Trage in die grauen Felder Zahlen ein.

513		515	
	524		526
533		535	

732		734	
742	743	744	745
752		754	

3 Ergänze. Male alle Felder mit geraden Zahlen rot, alle mit ungeraden Zahlen blau aus.

312	313	314	315
322	323	324	325
332	333	334	335
342	343	344	345
352	353	354	355
362	363	364	365

645	646	647	648
655	656	657	658
665	666	667	668
675	676	677	678
685	686	687	688
695	696	697	698

1

221 222 223 224 225 226 227 228

354 355 356 357 358 359 360 361

445 446 447 448 449 450 451 452

2

0 100 200 300 400 500 600 700 800 900 1000

90 170 270 380 530 620 740 970

3

0 300 700 1000

110 230 340 420 580 670 830 990

4 Nachbarzehner:

210 < 215 < 220	530 < 534 < 540	600 < 607 < 610
340 < 341 < 350	170 < 178 < 180	810 < 812 < 820
420 < 429 < 430	920 < 923 < 930	550 < 555 < 560

5 Nachbarhunderter:

400 < 416 < 500	400 < 403 < 500	200 < 228 < 300
300 < 345 < 400	700 < 776 < 800	800 < 854 < 900
600 < 687 < 700	500 < 512 < 600	900 < 993 < 1000

6 Nachbarzahlen:

277 < 278 < 279	404 < 405 < 406	696 < 697 < 698
532 < 533 < 534	300 < 301 < 302	377 < 378 < 379
611 < 612 < 613	208 < 209 < 210	499 < 500 < 501

1

200 250 300

209 222 233 244 259 264 277 291

2

400 460

375 392 405 412 426 435 448 469

3

940 1000

919 931 943 951 964 973 994 999

4 Welche Zahlen liegen zwischen

216 und 231: 217, 218, 219, 220, 221, 222, 223, 224, 225, 226, 227, 228, 229, 230

447 und 462: 448, 449, 450, 451, 452, 453, 454, 455, 456, 457, 458, 459, 460, 461

589 und 604: 590, 591, 592, 593, 594, 595, 596, 597, 598, 599, 600, 601, 602, 603

5

Vorgänger	Zahl	Nachfolger
474	475	476
385	386	387
293	294	295
299	300	301
598	599	600

Vorgänger	Zahl	Nachfolger
375	376	377
284	285	286
498	499	500
998	999	1000
488	489	490

1

0 400 800

80 190 270 370 450 670 770 870

2

300 330

285 292 307 315 326 341 354 372

3

245	246	247
255		
265		

			424	425
			434	435
441	442	443	444	445

	799	800
	899	900
998	999	1000

4 Nachbarzehner: Nachbarhunderter:

220 < 223 < 230	400 < 407 < 500	800 < 817 < 900
340 < 345 < 350	500 < 503 < 600	300 < 312 < 400
430 < 436 < 440	600 < 699 < 700	900 < 999 < 1000

5

Vorgänger	Zahl	Nachfolger
235	236	237
898	899	900
300	301	302
580	581	582

Vorgänger	Zahl	Nachfolger
516	517	518
739	740	741
684	685	686
998	999	1000

6

1000
400 600
200 200 400
100 100 100 300

900
450 450
250 200 250
150 100 100 150

Fit mit Pele

Addieren und subtrahieren von Zehnerzahlen

1

250 + 40 = 290	710 + 80 = 790	170 + 20 = 190
320 + 70 = 390	620 + 40 = 660	460 + 20 = 480
430 + 60 = 490	540 + 50 = 590	710 + 60 = 770
340 + 50 = 390	930 + 30 = 960	840 + 40 = 880

2

240 – 20 = 220	740 – 30 = 710	660 – 30 = 630
190 – 70 = 120	870 – 40 = 830	180 – 50 = 130
350 – 30 = 320	580 – 60 = 520	370 – 60 = 310
470 – 50 = 420	960 – 50 = 910	290 – 40 = 250

3

520 + 50 = 570	610 + 30 = 640	240 + 20 = 260
330 + 60 = 390	750 + 30 = 780	460 + 30 = 490

4

870 – 10 = 860	580 – 70 = 510	350 – 20 = 330
990 – 40 = 950	460 – 40 = 420	690 – 80 = 610

5

+	60	70	80	90
250	310	320	330	340
470	530	540	550	560
760	820	830	840	850

–	30	40	50	60
320	290	280	270	260
510	480	470	460	450
830	800	790	780	770

6

650 + 80 = 730	160 + 90 = 250	570 + 60 = 630
240 + 90 = 330	880 + 80 = 960	740 + 80 = 820

7

890 – 20 = 870	260 – 70 = 190	380 – 90 = 290
540 – 60 = 480	750 – 70 = 680	630 – 60 = 570

8 Welche Zahl erhalte ich, wenn ich das Doppelte von 45 von der Hälfte von 880 abziehe?

45 + 45 = 90   440 – 90 = 350

1 Ordne die Ergebnisse jeder Farbe nach der Größe. Beginne mit der größten Zahl.

439 – 6 A | 736 + 0 U | 583 + 2 H | 587 + 2 M | 581 + 7 A | 875 + 2 S | 435 + 2 M | 498 – 5 R | 432 + 7 I | 588 – 7 T | 731 + 8 D | 582 + 4 C | 871 + 7 A | 873 + 6 D | 497 – 2 P | 587 – 4 S

D A S M A C H S T D U P R I M A !

2

662 + 7 = 669	374 + 2 = 376	425 + 4 = 429
111 + 8 = 119	813 + 4 = 817	901 + 7 = 908

3

569 – 3 = 566	957 – 5 = 952	823 – 2 = 821
718 – 7 = 711	199 – 4 = 195	626 – 4 = 622

4

46 + 8 = 54	74 + 9 = 83	84 + 7 = 91
246 + 8 = 254	574 + 9 = 583	384 + 7 = 391
746 + 8 = 754	974 + 9 = 983	884 + 7 = 891

5

28 – 9 = 19	84 – 8 = 76	37 – 8 = 29
328 – 9 = 319	484 – 8 = 476	237 – 8 = 229
928 – 9 = 919	884 – 8 = 876	737 – 8 = 729

6

694 + 7 = 701	992 – 4 = 988	833 + 8 = 841
368 + 4 = 372	408 – 9 = 399	713 – 7 = 706
725 + 8 = 733	504 – 7 = 497	249 + 6 = 255

1

620 + 23 = 643	923 + 70 = 993	346 + 59 = 405
230 + 56 = 286	847 + 50 = 897	556 + 37 = 593
440 + 31 = 471	652 + 30 = 682	717 + 79 = 796
710 + 88 = 798	136 + 60 = 196	475 + 28 = 503

2

782 – 40 = 742	690 – 47 = 643	881 – 57 = 824
339 – 20 = 319	970 – 26 = 944	776 – 58 = 718
688 – 60 = 628	580 – 62 = 518	983 – 74 = 909
293 – 70 = 223	460 – 34 = 426	342 – 33 = 309

3

226 + 53 = 279	345 + 49 = 394	522 + 56 = 578
631 + 54 = 685	414 + 53 = 467	319 + 28 = 347

4

579 – 52 = 527	289 – 48 = 241	878 – 55 = 823
968 – 57 = 911	675 – 41 = 634	999 – 36 = 963

5 Streiche falsche Ergebnisse durch.

+	54	62	47	73
461	515	523	~~506~~	534
790	~~843~~	852	837	~~862~~

–	76	42	64	53
230	~~153~~	188	~~165~~	177
817	741	775	~~752~~	764

6

231
156 | 75
130 | 26 | 49

517
432 | 85
387 | 45 | 40

221
150 | 71
90 | 60 | 11

208
60 | 148
42 | 18 | 130

219
120 | 99
50 | 70 | 29

208
135 | 73
100 | 35 | 38

482 + 157 =
400 + 100 =
80 + 50 =
2 + 7 =

482 + 157 =
482 + 100 =
582 + 50 =
632 + 7 =

1

653 + 271 = 924	342 + 287 = 629	574 + 165 = 739
600 + 200 = 800	342 + 200 = 542	500 + 100 = 600
50 + 70 = 120	542 + 80 = 622	70 + 60 = 130
3 + 1 = 4	622 + 7 = 629	4 + 5 = 9
499 + 348 = 847	587 + 295 = 882	496 + 336 = 832
499 + 300 = 799	500 + 200 = 700	496 + 300 = 796
799 + 40 = 839	80 + 90 = 170	796 + 30 = 826
839 + 8 = 847	7 + 5 = 12	826 + 6 = 832
267 + 454 = 721	793 + 188 = 981	357 + 276 = 633
200 + 400 = 600	793 + 100 = 893	300 + 200 = 500
60 + 50 = 110	893 + 80 = 973	50 + 70 = 120
7 + 4 = 11	973 + 8 = 981	7 + 6 = 13

2 Rechne nach und schreibe die Aufgaben richtig auf.

483 + 142 = 525   291 + 294 = 565

483 + 142 = 625	291 + 294 = 585
400 + 100 = 500	291 + 200 = 491
80 + 40 = 120	491 + 90 = 581
3 + 2 = 5	581 + 4 = 585

975 – 368 =
975 – 300 =
675 – 60 =
615 – 8 =

975 – 368 =
975 – 8 =
967 – 60 =
907 – 300 =

1

418 – 155 = 263	532 – 271 = 261	856 – 384 = 472
418 – 100 = 318	532 – 200 = 332	856 – 4 = 852
318 – 50 = 268	332 – 70 = 262	852 – 80 = 772
268 – 5 = 263	262 – 1 = 261	772 – 300 = 472
763 – 289 = 474	937 – 668 = 269	624 – 145 = 479
763 – 200 = 563	937 – 8 = 929	624 – 100 = 524
563 – 80 = 483	929 – 60 = 869	524 – 40 = 484
483 – 9 = 474	869 – 600 = 269	484 – 5 = 479
333 – 147 = 186	551 – 284 = 267	418 – 279 = 139
333 – 100 = 233	551 – 200 = 351	418 – 200 = 218
233 – 40 = 193	351 – 80 = 271	218 – 70 = 148
193 – 7 = 186	271 – 4 = 267	148 – 9 = 139
974 – 359 = 615	748 – 266 = 482	467 – 177 = 290
974 – 300 = 674	748 – 6 = 742	467 – 100 = 367
674 – 50 = 624	742 – 60 = 682	367 – 70 = 297
624 – 9 = 615	682 – 200 = 482	297 – 7 = 290

2 Rechne im Kopf.

530 – 140 = 390	420 – 190 = 230	1000 – 545 = 455
670 – 75 = 595	810 – 150 = 660	1000 – 324 = 676
945 – 150 = 795	240 – 85 = 155	1000 – 705 = 295
888 – 111 = 777	630 – 95 = 535	1000 – 128 = 872

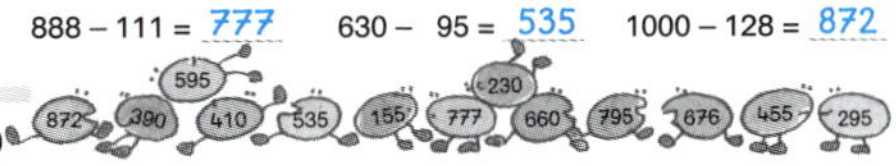

Übungen zur Addition und Subtraktion

1

900	
841	59
825	75
887	13
873	27

600	
561	39
544	56
528	72
579	21

500	
473	27
438	62
459	41
402	98

2

155 → + 263 → 418 → − 95 → 323 → + 323 → 646 → − 174 → 472 → + 528 → 1000 → − 99 → 901 → − 824 → 77 → + 78 → 155

3 Ich denke mir eine Zahl. Sie ist um 41 größer als 342.

Lösung: 342 + 41 = 383

Tobias sagt: „Wenn du zu 532 die Zahl 148 dazuzählst, erhältst du meine Zahl."

Lösung: 532 + 148 = 680

Welche Zahl erhältst du, wenn du 333 verdoppelst und das Ergebnis um 53 verminderst?

Lösung: 666 − 53 = 613

Halbiere 330 und zähle das Doppelte von 242 dazu.

Lösung: 165 + 484 = 649

Kilogramm und Gramm

1

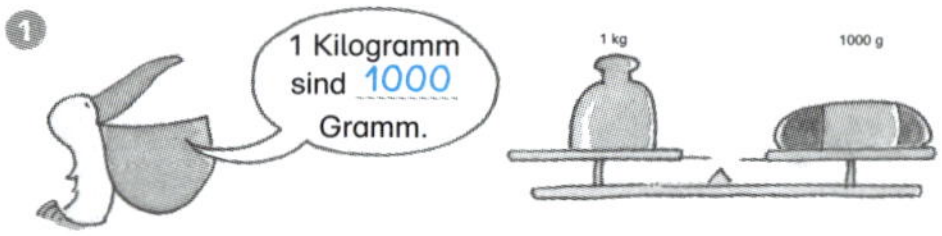

Bananen: 770 g Äpfel: 610 g

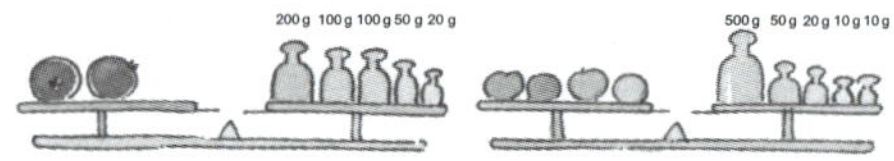

Orangen: 470 g Pfirsiche: 590 g

2 Kreuze an, welche Gewichte Pele benutzt:

	500g	200g	200g	100g	50g	20g	20g	10g	5g	2g	1g
728g	X	X				X			X	X	X
473g		X	X		X	X				X	X
297g			X		X	X	X		X	X	
655g	X			X	X				X		
906g	X	X	X						X		X

3 Wie viele Gramm fehlen zu einem Kilogramm?

820g + 180 g = 1kg
750g + 250 g = 1kg
370g + 630 g = 1kg
90g + 910 g = 1kg
405g + 595 g = 1kg
666g + 334 g = 1kg
195g + 805 g = 1kg
917g + 83 g = 1kg

Liter und Millimeter

1

2

Peles Wasserflasche ist noch halb voll.
Das sind 500 ml. Er kann damit 2 Gläser füllen, weil in 1 Glas 250 ml passen.

3

Die große Tonne wird mit Wasser gefüllt.
Wie oft laufen die Kinder?

Pele 

Finn 

Mara 

Pele: 30 · 1 l = 30 l Finn: 6 · 5 l = 30 l Mara: 3 · 10 l = 30 l

4 Wie viele Milliliter fehlen zu 1 Liter?

350 ml + 650 ml = 1 l
690 ml + 310 ml = 1 l
459 ml + 541 ml = 1 l
888 ml + 112 ml = 1 l
216 ml + 784 ml = 1 l
734 ml + 266 ml = 1 l

310 ml · 112 ml · 266 ml · 286ml · 541 ml · 650 ml · 784 ml

5 Ordne nach der Größe:

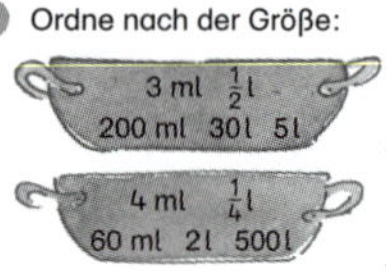

3 ml < 200 ml < $\frac{1}{2}$ l < 5 l < 30 l

4 ml < 60 ml < $\frac{1}{4}$ l < 2 l < 500 l

Symmetrie

1 Welche Figuren sind symmetrisch? Kreuze an.
Zeichne die Spiegelachsen ein.

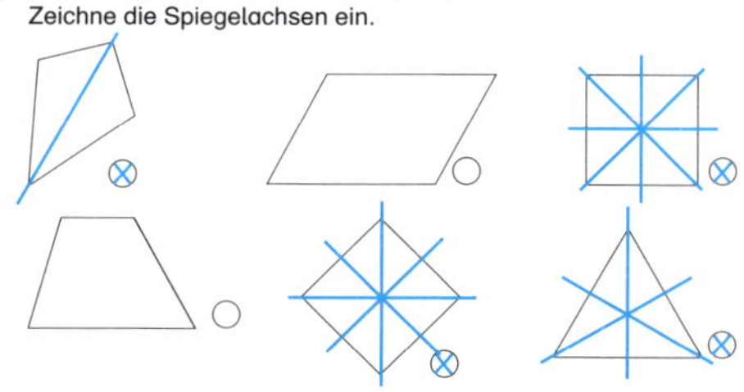

2 Ergänze zu symmetrischen Figuren.

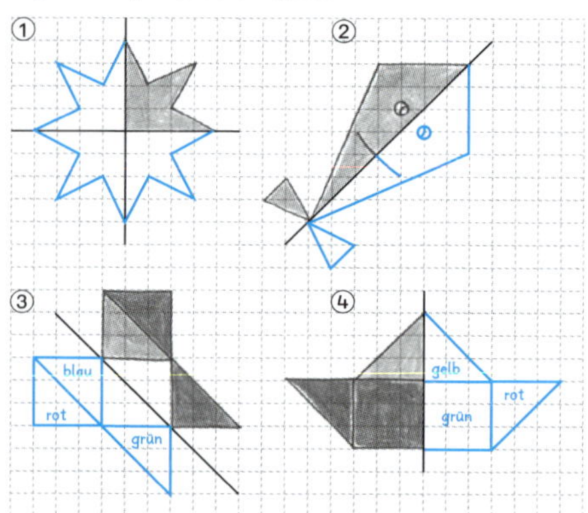

Fit mit Pele

1

462 + 45 = 507 | 376 + 95 = 471 | 284 + 39 = 323
716 + 84 = 800 | 537 + 85 = 622 | 615 + 67 = 682

2

230 – 54 = 176 | 425 – 68 = 357 | 603 – 44 = 559
312 – 36 = 276 | 517 – 93 = 424 | 711 – 88 = 623

3

346 + 253 = 599	497 + 362 = 859	576 + 348 = 924
346 + 200 = 546	400 + 300 = 700	500 + 300 = 800
546 + 50 = 596	90 + 60 = 150	70 + 40 = 110
596 + 3 = 599	7 + 2 = 9	6 + 8 = 14

4

648 – 258 = 390	317 – 165 = 152	452 – 297 = 155
648 - 200 = 448	317 - 100 = 217	452 - 200 = 252
448 - 50 = 398	217 - 60 = 157	252 - 90 = 162
398 - 8 = 390	157 - 5 = 152	162 - 7 = 155

5 Meine Zahl ist um 56 größer als das Doppelte von 222.
Wie heißt meine Zahl? 444 + 56 = 500

6 Meine Zahl ist um 56 kleiner, als die Hälfte von 1000.
Wie heißt meine Zahl? 500 - 56 = 444

7 Ergänze zu 1 kg.

1 kg	450 g	360 g	95 g	555 g	888 g	99 g	237 g	996 g
	550 g	640 g	905 g	445 g	112 g	901 g	763 g	4 g

8 Ergänze zu 1 Liter.

1 l	340 ml	420 ml	635 ml	10 ml	100 ml	615 ml
	660 ml	580 ml	365 ml	990 ml	900 ml	385 ml

Schriftliche Addition ohne Übertrag

1

612	236	713	324	532
+ 247	+ 463	+ 285	+ 203	+ 317
859	699	998	527	849

2 Schreibe untereinander und rechne.

463 + 225 | 116 + 73 | 537 + 251
342 + 254 | 824 + 163 | 64 + 423

463 + 225 = 688	116 + 73 = 189	537 + 251 = 788
342 + 254 = 596	824 + 163 = 987	64 + 423 = 487

3 Pele hat mit Tinte gekleckst. Ergänze.

463	412	612	521	245
+ 232	+ 384	+ 344	+ 238	+ 352
695	796	956	759	597

4

241	635	312	407	112
+ 32	+ 223	+ 115	+ 260	+ 75
+ 112	+ 41	+ 252	+ 132	+ 12
385	899	679	799	199

310	445	502
+ 422	+ 210	+ 162
+ 147	+ 13	+ 221
879	668	885

Schriftliche Addition mit Übertrag

1

436	348	684	707	512
+ 267	+ 169	+ 298	+ 199	+ 399
703	517	982	906	911

2 Schreibe untereinander und rechne.

463 + 188 | 763 + 98 | 477 + 257
275 + 397 | 809 + 169 | 99 + 576

463 + 188 = 651	763 + 98 = 861	477 + 257 = 734
275 + 397 = 672	809 + 169 = 978	9 9 + 576 = 675

3 Pele hat Zahlen verwischt. Ergänze.

524	329	412	573	173
+ 388	+ 354	+ 348	+ 329	+ 348
912	683	760	902	521

4

245	517	312	607	47
+ 76	+ 198	+ 98	+ 199	+ 236
+ 149	+ 100	+ 75	+ 108	+ 475
470	815	485	914	758

673	536	136
+ 198	+ 399	+ 219
+ 129	+ 11	+ 345
1000	946	700

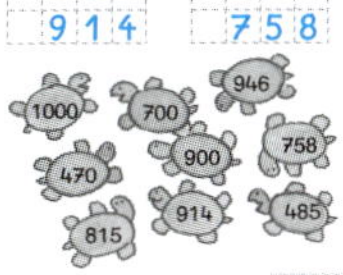

Schriftliche Addition mit Kommazahlen

1

15,68 €	145,53 €	403,71 €
+ 7,48 €	+ 67,36 €	+ 297,68 €
23,16 €	212,89 €	701,39 €

2 Schreibe untereinander und rechne.

137,45 € + 62,73 € | 463,25 € + 345,95 €
677,75 € + 78,76 € | 512,40 € + 125,75 €
475,82 € + 85 € | 385 € + 97,63 €

137,45 € + 62,73 € = 200,18 €	475,82 € + 85,00 € = 560,82 €	512,40 € + 125,75 € = 638,15 €
677,75 € + 78,76 € = 756,51 €	463,25 € + 345,95 € = 809,20 €	385,00 € + 97,63 € = 482,63 €

482,63 € | 638,15 € | 809,20 € | 772,10 € | 560,82 € | 756,51 € | 200,18 €

3 Anna kauft: | Mirko kauft:

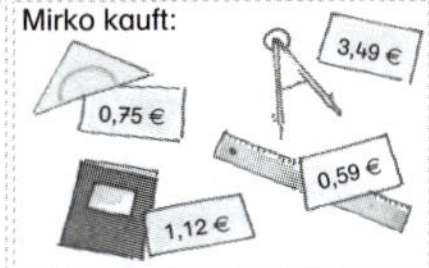

2,98 € + 4,49 € + 0,95 € = 8,42 €

3,49 € + 1,12 € = 4,61 €

0,75 € + 0,59 € = 1,34 €

4,61 € + 1,34 €

Anna bezahlt 8,42 Euro. Mirko bezahlt 5,95 Euro.

Schriftliche Subtraktion ohne Übertrag

1

456 − 345 = 111
573 − 251 = 322
877 − 552 = 325
349 − 125 = 224
986 − 274 = 712

2 Schreibe untereinander und rechne.

462 − 141   298 − 75   869 − 557
778 − 536   357 − 246   699 − 78

462 − 141 = 321
298 − 75 = 223
869 − 557 = 312
778 − 536 = 242
357 − 246 = 111
699 − 78 = 621

312 | 321 | 311 | 223 | 111 | 621 | 242

3 Pele hat mit Tinte gekleckst. Ergänze.

658 − 432 = 226
895 − 323 = 572
875 − 253 = 622
975 − 234 = 741
543 − 413 = 130

4

645 − 112 − 21 = 512
486 − 243 − 100 = 143
879 − 212 − 425 = 242
975 − 150 − 314 = 511
887 − 211 − 346 = 330
769 − 214 − 143 = 412
999 − 352 − 11 = 636
555 − 111 − 222 = 222

511 | 330 | 222 | 143 | 242 | 512 | 333 | 412 | 636

Schriftliche Subtraktion mit Übertrag

1

712 − 568 = 144
905 − 336 = 569
1000 − 465 = 535
411 − 178 = 233
623 − 245 = 378

2 Schreibe untereinander und rechne.

812 − 436   732 − 569   1000 − 436
521 − 276   917 − 779   1000 − 581

812 − 436 = 376
732 − 569 = 163
1000 − 436 = 564
521 − 276 = 245
917 − 779 = 138
1000 − 581 = 419

245 | 419 | 376 | 138 | 163 | 168 | 564

3 Pele hat Zahlen verwischt. Ergänze.

659 − 392 = 267
520 − 307 = 213
975 − 294 = 281
970 − 196 = 774
401 − 128 = 273

4

450 − 236 − 145 = 69
255 − 167 − 23 = 65
546 − 235 − 163 = 148
325 − 136 − 75 = 114
720 − 438 − 95 = 187
812 − 124 − 365 = 323
603 − 175 − 124 = 304
1000 − 345 − 276 = 379

69 | 187 | 379 | 148 | 323 | 152 | 114 | 65 | 304

Schriftliche Subtraktion mit Kommazahlen

1

15,50 € − 6,75 € = 8,75 €
64,26 € − 9,45 € = 54,81 €
71,45 € − 7,95 € = 63,50 €
63,20 € − 8,36 € = 54,84 €

2 Schreibe untereinander und rechne.

235,36 € − 45,63 €   512,75 € − 136,48 €
375,25 € − 95,75 €   625,95 € − 395,25 €
468 € − 145,36 €   375,25 € − 198 €

235,36 € − 45,63 € = 189,73 €
468,00 € − 145,36 € = 322,64 €
512,75 € − 136,48 € = 376,27 €
375,25 € − 95,75 € = 279,50 €
625,95 € − 395,25 € = 230,70 €
375,25 € − 198,00 € = 177,25 €

230,70 € | 376,27 € | 177,25 € | 279,50 € | 331,27 € | 322,64 € | 189,73 €

3

69,50 €

gegeben:
zurück: 30,50 €

100,00 € − 69,50 € = 30,50 €

95,99 €

15,95 €

gegeben:
zurück: 88,06 €

95,99 € + 15,95 € = 111,94 €
200,00 € − 111,94 € = 88,06 €

Millimeter, Zentimeter und Meter

1 1 cm = 10 mm

Miss die Länge der Strecken.

AB = 21 mm = 2 cm 1 mm
CD = 14 mm = 1 cm 4 mm
EF = 27 mm = 2 cm 7 mm

2 Zeichne folgende Strecken:

AB = 4 cm 3 mm
CD = 2 cm 6 mm
EF = 6 cm 8 mm

3 1 m = 100 cm

2 m = 200 cm   5 m = 500 cm   10 m = 1000 cm
4 m = 400 cm   9 m = 900 cm   2,5 m = 250 cm

4

1,25 m = 1 m 25 cm = 125 cm
3,74 m = 3 m 74 cm = 374 cm
0,81 m = 0 m 81 cm = 81 cm
5,99 m = 5 m 99 cm = 599 cm

5 Größer oder kleiner?

Peter ist heute 6 cm kleiner als Ines. Im Mai war sie 2 cm größer als er. Ines ist heute 9 cm größer als sie im Mai war.

Meter und Kilometer

1 1 km = 1000 m

Wie viele Meter fehlen zu 1 Kilometer?

600 m + 400 m = 1 km	950 m + 50 m = 1 km
320 m + 680 m = 1 km	180 m + 820 m = 1 km
404 m + 596 m = 1 km	29 m + 971 m = 1 km
333 m + 667 m = 1 km	816 m + 184 m = 1 km

2 Lisas Schulweg ist 500 m lang.
Das sind hin und zurück 1000 m oder 1 km. Wie viele Kilometer läuft Lisa in einer Woche zur Schule hin und zurück?
5 · 1000 m = 5000 m Sie läuft 5 km in einer Woche.

3 Levin kommt mit dem Fahrrad zur Schule.
Der einfache Weg ist 2 Kilometer lang. Wie viele Kilometer fährt Levin in einer Woche zur Schule hin und zurück?
5 · 4 km = 20 km Levin fährt in einer Woche 20 km.

4 Tanika wird mit dem Auto zur Schule gebracht.
Ihr Vater fährt von zu Hause bis zur Schule 6 km. Wie viele Kilometer fährt er pro Woche zur Schule hin und zurück?
5 · 12 km = 60 km Der Vater fährt 60 km pro Woche.

5 Ordne nach der Größe:

4 m | 270 cm | 320 mm | 5 km | 3,5 cm

3,5 cm < 320 mm < 270 cm < 4 m < 5 km

7 cm | 7 mm | 700 mm | 7 m | 700 m

7 mm < 7 cm < 700 mm < 7 m < 700 m

Dreiecke und Rechtecke

1 Verbinde die Punkte A, B und C und die Punkte D, E und F zu je einem Dreieck. Miss die Seitenlängen.

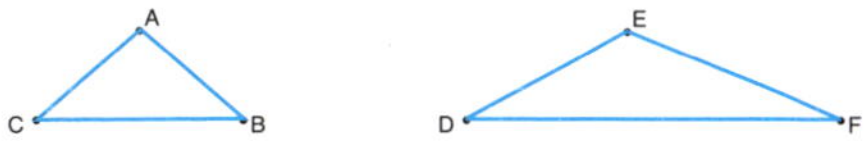

$\overline{AB}$ = 2 cm	$\overline{DE}$ = 2,7 cm
$\overline{BC}$ = 3 cm	$\overline{EF}$ = 3,4 cm
$\overline{CA}$ = 2 cm	$\overline{DF}$ = 5,5 cm

2 Verbinde die Punkte A, B, C und D zu einem Viereck und miss die Seitenlängen. Was stellst du fest?

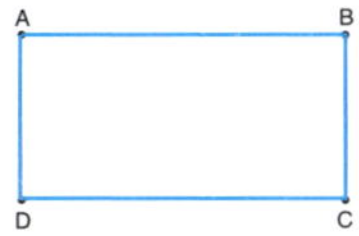

$\overline{AB}$ = 4 cm 7 mm	$\overline{DC}$ = 4 cm 7 mm
$\overline{BC}$ = 2 cm 4 mm	$\overline{DA}$ = 2 cm 4 mm

3 Male die Rechtecke blau aus.

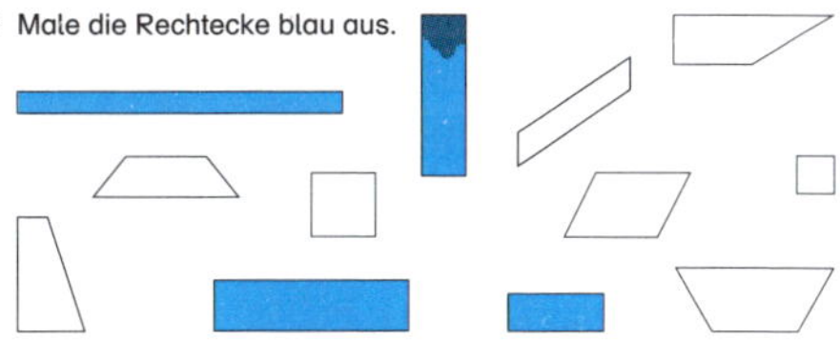

Quadrate und Kreise

1 Vervollständige zu Quadraten.

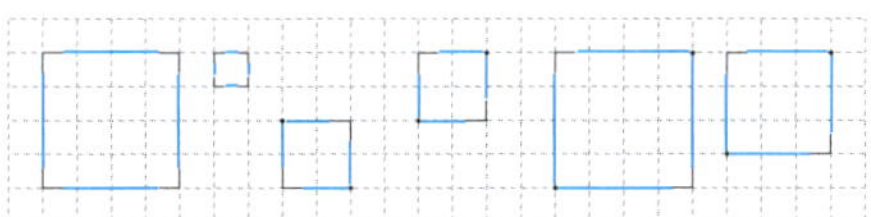

2 Manche Rechtecke heißen Quadrate. Schau dir die Seiten der Quadrate an. Was fällt dir auf?
Die Seiten eines Quadrats sind gleich lang.

3 Wie viele Quadrate verbergen sich in diesen Figuren?

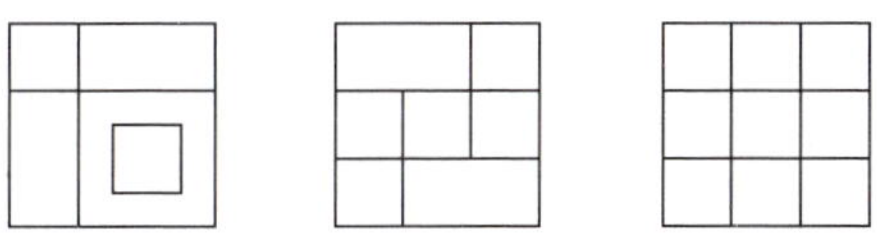

4 Quadrate | 8 Quadrate | 14 Quadrate

4 Suche in deiner Umgebung nach Gegenständen mit runder Fläche. Umfahre die Flächen mit einem Stift.

Muster

1 Zeichne das Muster ab und färbe es ein.

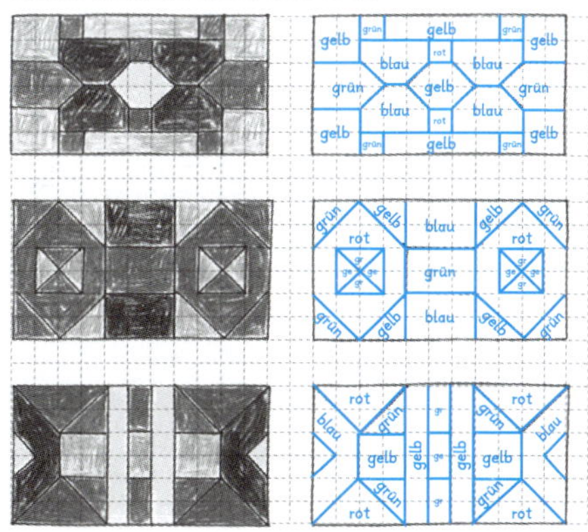

2 Zeichne in jedes Quadrat das gleiche Muster.
Male alle genau gleich aus.

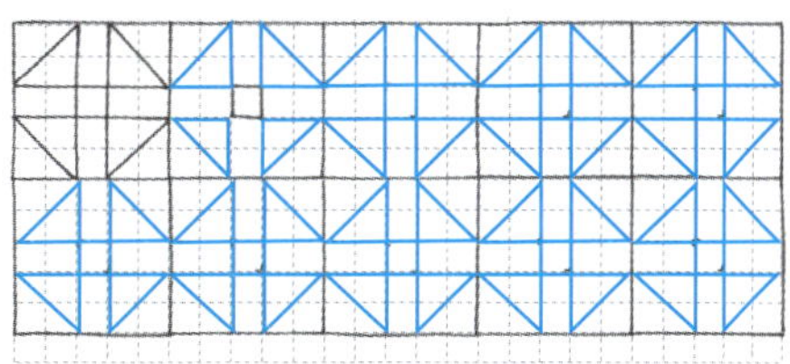

1

275 + 369 = 644	412 + 198 = 610	627 + 97 = 724	315 + 169 = 484

2

728 − 597 = 131	432 − 249 = 183	300 − 145 = 155	1000 − 736 = 264

3

425,12 € + 136,75 € = 561,87 €	207,50 € + 336,25 € = 543,75 €	375,99 € + 136,45 € = 512,44 €
637,51 € − 448,45 € = 189,06 €	520,80 € − 345,95 € = 174,85 €	1000,00 € − 438,75 € = 561,25 €

4 Wie lang sind die Strecken?

(Strecke)	37 mm = 3,7 cm
(Strecke)	63 mm = 6,3 cm

Zeichne Strecken.

(Strecke)	15 mm = 1,5 cm
(Strecke)	42 mm = 4,2 cm

5 Ordne der Länge nach.

5 m | 4 cm | 1 km | 4,5 m | 31 mm

31 mm < 4 cm < 4,5 m < 5 m < 1 km

1

·	2	5	8	4
4	8	20	32	16
40	80	200	320	160

·	3	9	7	6
7	21	63	49	42
70	210	630	490	420

2

3 · 30 = 90   6 · 40 = 240   9 · 30 = 270

3 · 40 = 120   6 · 60 = 360   9 · 60 = 540

3 · 50 = 150   6 · 80 = 480   9 · 90 = 810

5 · 50 = 250   2 · 80 = 160   2 · 100 = 200

7 · 50 = 350   4 · 80 = 320   5 · 100 = 500

9 · 50 = 450   8 · 80 = 640   10 · 100 = 1000

3 Verbinde:

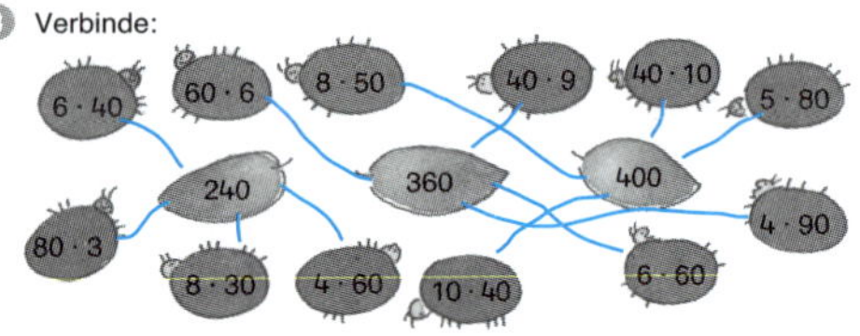

4 6 Aufgaben passen zueinander:

5 · 8 = 40   9 · 4 = 36   3 · 6 = 18

5 · 80 = 400   9 · 40 = 360   3 · 60 = 180

50 · 8 = 400   90 · 4 = 360   30 · 6 = 180

8 · 5 = 40   4 · 9 = 36   6 · 3 = 18

8 · 50 = 400   4 · 90 = 360   6 · 30 = 180

80 · 5 = 400   40 · 9 = 360   60 · 3 = 180

1 <, > oder =?

4 · 70 < 10 · 30   2 · 30 = 1 · 60   7 · 60 < 9 · 50

8 · 20 = 4 · 40   6 · 70 > 3 · 80   8 · 90 > 7 · 80

5 · 40 > 3 · 50   8 · 80 < 9 · 90   6 · 60 = 9 · 40

2 Pele macht eine Radtour. Er fährt an den ersten 3 Tagen jeweils 50 km. Am letzten Tag sind es nochmal 30 km. Wie weit ist er insgesamt gefahren?

50 km · 3 = 150 km

150 + 30 = 180 km

Er ist insgesamt 180 km geradelt.

3

5 · 20 + 40 = 100 + 40 = 140

8 · 30 + 20 = 240 + 20 = 260

4 · 80 + 30 = 320 + 30 = 350

4 Ein Spiel hat 40 Karten.

Spiele	2	4	7	10	3	5	0	9	8
Karten	80	160	280	400	120	200	0	360	320

Ein Comicheft hat 60 Seiten.

Comics	5	3	9	2	7	8	11	10	4
Seiten	300	180	540	120	420	480	660	600	240

5

2 · 90 = 180   4 · 90 = 360   70 · 7 = 490

3 · 70 = 210   8 · 70 = 560   60 · 9 = 540

5 · 80 = 400   6 · 40 = 240   30 · 10 = 300

1 Was gehört zusammen? Rechne aus und verbinde.

3 · 50 = 150	300 : 60 = 5
5 · 60 = 300	240 : 40 = 6
8 · 30 = 240	150 : 50 = 3
6 · 40 = 240	240 : 30 = 8
4 · 80 = 320	320 : 80 = 4

2

120 : 20 = 6   160 : 40 = 4   280 : 70 = 4

160 : 20 = 8   280 : 40 = 7   350 : 70 = 5

200 : 20 = 10   360 : 40 = 9   560 : 70 = 8

3

180 : 3 = 60   120 : 6 = 20   240 : 8 = 30

270 : 3 = 90   300 : 6 = 50   400 : 8 = 50

120 : 3 = 40   480 : 6 = 80   640 : 8 = 80

4

	: 9	: 90
270	30	3
450	50	5
810	90	9

	: 4	: 40
320	80	8
200	50	5
240	60	6

	: 7	: 70
630	90	9
210	30	3
420	60	6

5

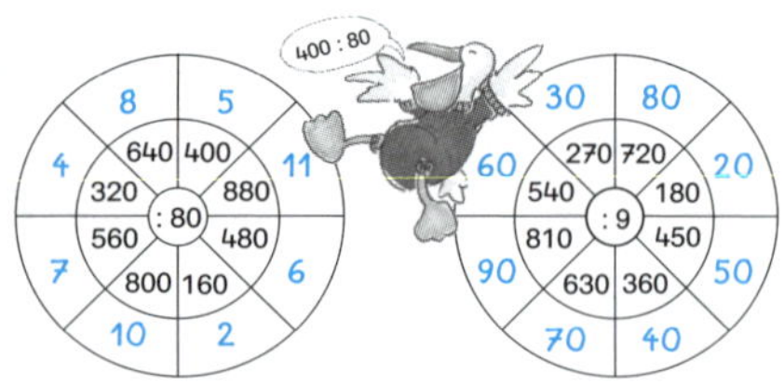

1 <, > oder =?

420 : 7 (=) 360 : 6	540 : 90 (<) 210 : 30
240 : 8 (>) 180 : 9	810 : 90 (>) 480 : 60
560 : 7 (<) 450 : 5	240 : 40 (=) 360 : 60
270 : 3 (>) 640 : 8	320 : 80 (<) 250 : 50

2

6 · 20 = 120	3 · 70 = 210
20 · 6 = 120	70 · 3 = 210
120 : 20 = 6	210 : 70 = 3
120 : 6 = 20	210 : 3 = 70

3

Am Samstag besuchen 50 Kinder und 40 Erwachsene den Zirkus. Wie hoch sind die Einnahmen?

50 · 4 € = 200 €
40 · 7 € = 280 €

  200 €
+ 280 €
= 480 €

Der Zirkus verdient 480 Euro.

4 Am Sonntag nimmt der Zirkus 590 Euro ein, 350 Euro davon sind von Erwachsenen. Wie viele Kinder und Erwachsene besuchen diese Vorführung?

  590
− 350
= 240

240 : 4 = 60
350 : 7 = 50

Es sind 60 Kinder und 50 Erwachsene.

1

Pele teilt gerecht mit seinen Freunden. Jeder bekommt gleich viele Fische. Wie viele bleiben übrig?

21 Fische, 4 Freunde

21 : 4 = 5 Rest 1

Jeder bekommt 5 Fische, 1 bleibt übrig.

2

Fische	10	13	19	26	30	33	35	41	46	81
jeder bekommt	2	3	4	6	7	8	8	10	11	20
Rest	2	1	3	2	2	1	3	1	2	1

3

84 : 10 = 8 Rest 4	48 : 5 = 9 Rest 3
27 : 10 = 2 Rest 7	12 : 5 = 2 Rest 2
35 : 10 = 3 Rest 5	37 : 5 = 7 Rest 2

4

61 : 10 = 6 Rest 1	29 : 5 = 5 Rest 4
125 : 20 = 6 Rest 5	95 : 30 = 3 Rest 5
63 : 20 = 3 Rest 3	110 : 30 = 3 Rest 20

5

75 : 8 = 9 Rest 3, weil 9 · 8 + 3 = 75

26 : 5 = 5 Rest 1, weil 5 · 5 + 1 = 26

104 : 10 = 10 Rest 4, weil 10 · 10 + 4 = 104

6 Suche Zahlen, die beim Teilen durch 4 den Rest 3 haben.

Lösungen: 7, 11, 15, 19, 23, 27, 31

1 Verbinde.

Pyramide Kegel Zylinder

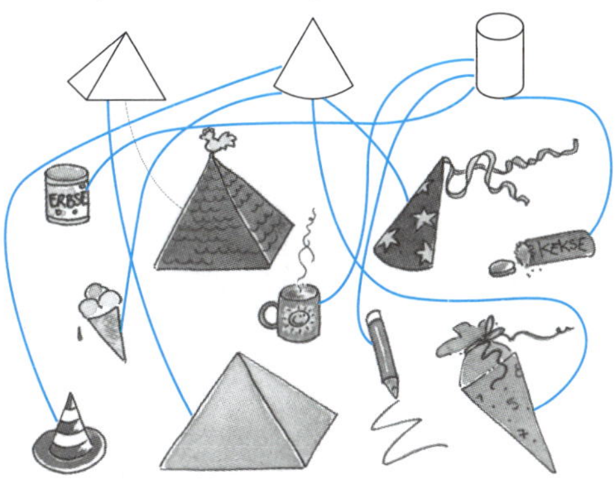

2 Du siehst die Körper von oben und von vorn. Wie heißen sie?

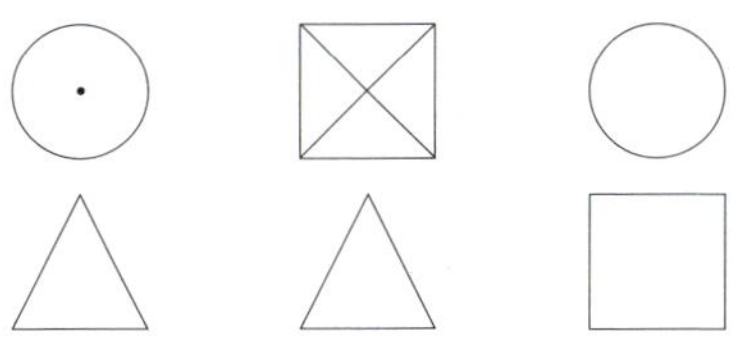

Kegel Pyramide Zylinder

1 Fülle die Tabelle aus.

Anzahl der Begrenzungsflächen	5	2	3	1
Anzahl der Ecken	5	1	-	-
Anzahl der Kanten	8	1	2	-

2 Körper-Rätsel

Mein Körper hat 6 Begrenzungsflächen, 8 Ecken und 12 Kanten. Gegenüberliegende Flächen sind gleich groß.

Es ist ein Würfel oder ein Quader.

3 Finde für die Pyramide selbst einen Text.

Mein Körper hat 5 Begrenzungsflächen, 5 Ecken und 8 Kanten.

4 Wie viele Würfel wurden für die Gebäude gebraucht?

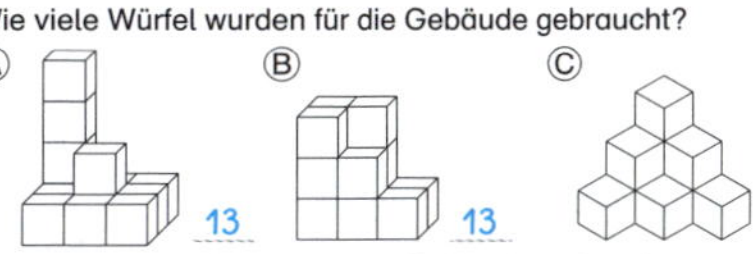

Ⓐ 13 Ⓑ 13 Ⓒ 10

Wie viele Würfel fehlen, um die Gebäude zu Quadern zu ergänzen?

Ⓐ 23 Würfel Ⓑ 5 Würfel Ⓒ 8 Würfel

1
2 · 20 = 40 | 5 · 80 = 400 | 40 · 8 = 320
4 · 70 = 280 | 3 · 90 = 270 | 60 · 9 = 540
8 · 30 = 240 | 6 · 40 = 240 | 80 · 7 = 560
7 · 60 = 420 | 5 · 50 = 250 | 70 · 6 = 420

2
3 · 90 = 270 | 9 · 20 = 180 | 70 · 4 = 280
4 · 50 = 200 | 7 · 70 = 490 | 60 · 3 = 180
5 · 70 = 350 | 5 · 80 = 400 | 80 · 6 = 480
6 · 90 = 540 | 3 · 50 = 150 | 20 · 11 = 220

3
300 : 50 = 6 | 900 : 90 = 10 | 160 : 2 = 80
440 : 40 = 11 | 280 : 40 = 7 | 160 : 4 = 40
240 : 30 = 8 | 360 : 60 = 6 | 180 : 9 = 20
560 : 70 = 8 | 450 : 50 = 9 | 150 : 3 = 50

4
350 → : 70 → 5 → · 80 → 400 → : 10 → 40 → · 6 → 240 → : 8 → 30 → · 7 → 210 → : 30 → 7 → · 50 → 350

5
28 : 6 = 4 Rest 4 | 520 : 80 = 6 Rest 40
42 : 8 = 5 Rest 2 | 37 : 5 = 7 Rest 2
230 : 70 = 3 Rest 20 | 56 : 9 = 6 Rest 2

6
5 · 80 = 400 | 7 · 60 = 420
80 · 5 = 400 | 60 · 7 = 420
400 : 5 = 80 | 420 : 7 = 60
400 : 80 = 5 | 420 : 60 = 7

Halbschriftliche Multiplikation

1 Pele will 4 neue Stühle kaufen.

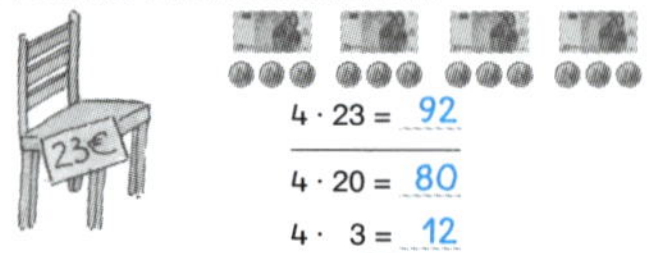

4 · 23 = 92
4 · 20 = 80
4 · 3 = 12

Vier neue Stühle kosten 92 €.

2
5 · 23 = 115; 5 · 20 = 100; 5 · 3 = 15 | 7 · 23 = 161; 7 · 20 = 140; 7 · 3 = 21 | 9 · 23 = 207; 9 · 20 = 180; 9 · 3 = 27
8 · 14 = 112; 8 · 10 = 80; 8 · 4 = 32 | 5 · 27 = 135; 5 · 20 = 100; 5 · 7 = 35 | 7 · 19 = 133; 7 · 10 = 70; 7 · 9 = 63

3
32 · 4 = 128; 30 · 4 = 120; 2 · 4 = 8 | 45 · 3 = 135; 40 · 3 = 120; 5 · 3 = 15 | 72 · 5 = 360; 70 · 5 = 350; 2 · 5 = 10
26 · 7 = 182; 20 · 7 = 140; 6 · 7 = 42 | 58 · 6 = 348; 50 · 6 = 300; 8 · 6 = 48 | 67 · 2 = 134; 60 · 2 = 120; 7 · 2 = 14

4 Frau Vogel kauft 6 neue Stühle. Einer kostet 69 €.

6 · 69 € = 414 €
6 · 60 € = 360 €
6 · 9 € = 54 €

Wie viel bezahlt sie?
Antwort:
Frau Vogel bezahlt 414 Euro.

Halbschriftliche Multiplikation

1 Rechne die Hilfsaufgaben im Kopf. Schreibe die Ergebnisse als Plusaufgabe auf. Beispiel: 3 · 18 = 30 + 24 = 54

5 · 18 = 50 + 40 = 90 | 4 · 27 = 80 + 28 = 108
8 · 18 = 80 + 64 = 144 | 6 · 27 = 120 + 42 = 162
9 · 18 = 90 + 72 = 162 | 7 · 27 = 140 + 49 = 189
3 · 24 = 60 + 12 = 72 | 5 · 26 = 100 + 30 = 130
3 · 39 = 90 + 27 = 117 | 5 · 71 = 350 + 5 = 355
3 · 74 = 210 + 12 = 222 | 5 · 92 = 450 + 10 = 460

2 Setze die Buchstaben ein.
Finde heraus, was Pele nicht schmeckt.

A	I	L	M	N	S	T	U
186	112	165	175	198	144	156	168

7 · 25 = 140 + 35 = 175 M | 6 · 33 = 180 + 18 = 198 N
3 · 62 = 180 + 6 = 186 A | 4 · 42 = 160 + 8 = 168 U
7 · 16 = 70 + 42 = 112 I | 6 · 24 = 120 + 24 = 144 S
3 · 48 = 120 + 24 = 144 S | 4 · 36 = 120 + 24 = 144 S

Wie heißen Peles Freunde in der Schule?

84 · 2 = 160 + 8 = 168 U | 39 · 4 = 120 + 36 = 156 T
33 · 5 = 150 + 15 = 165 L | 56 · 2 = 100 + 12 = 112 I
55 · 3 = 150 + 15 = 165 L | 66 · 3 = 180 + 18 = 198 N
28 · 4 = 80 + 32 = 112 I | 31 · 6 = 180 + 6 = 186 A

3 Schreibe die passenden Zahlen in die Kleckse:

5 · 54 = 250 + 20 = 270 | 9 · 26 = 180 + 54 = 234
6 · 36 = 180 + 36 = 216 | 4 · 64 = 240 + 16 = 256
7 · 45 = 280 + 35 = 315 | 7 · 83 = 560 + 21 = 581

Halbschriftliche Division

1 Pele angelt mit seiner Familie.
Er verteilt 52 Würmer gerecht an alle 4.

52 : 4 = 13
40 : 4 = 10
12 : 4 = 3

Jeder in Peles Familie bekommt 13 Würmer.

2
56 : 4 = 14; 40 : 4 = 10; 16 : 4 = 4 | 92 : 4 = 23; 80 : 4 = 20; 12 : 4 = 3 | 248 : 4 = 62; 240 : 4 = 60; 8 : 4 = 2
80 : 5 = 16; 50 : 5 = 10; 30 : 5 = 6 | 54 : 3 = 18; 30 : 3 = 10; 24 : 3 = 8 | 152 : 2 = 76; 140 : 2 = 70; 12 : 2 = 6

3
98 : 7 = 14; 70 : 7 = 10; 28 : 7 = 4 | 125 : 5 = 25; 100 : 5 = 20; 25 : 5 = 5 | 224 : 7 = 32; 210 : 7 = 30; 14 : 7 = 2
336 : 6 = 56; 300 : 6 = 50; 36 : 6 = 6 | 504 : 6 = 84; 480 : 6 = 80; 24 : 6 = 4 | 927 : 9 = 103; 900 : 9 = 100; 27 : 9 = 3

4 Frau Walter hat 81 Kopien gemacht. Sie verteilt in der 3a an jedes Kind 3 Arbeitsblätter. Wie viele Kinder sind in der 3a?

81 : 3 = 27
60 : 3 = 20
21 : 3 = 7

In der Klasse 3a sind 27 Kinder.

1 Auf dem Frühlingsfest wurden am Essensstand 510 € eingenommen:
174 € durch den Verkauf von Pommes,
111 € durch den Verkauf von Suppe, der Rest durch den Verkauf von Pizza.
Wie viele Portionen wurden jeweils verkauft?

174 : 2 = 87
160 : 2 = 80
14 : 2 = 7

111 : 3 = 37
90 : 3 = 30
21 : 3 = 7

510
− 174
− 111
225

225 : 5 = 45
200 : 5 = 40
25 : 5 = 5

So viele Portionen wurden verkauft:
Pommes 87 Suppe 37 Pizza 45 (insgesamt 169)

2 Rechne die Hilfsaufgaben im Kopf:

102 : 3 = 30 + 4 = 34
141 : 3 = 40 + 7 = 47
255 : 3 = 80 + 5 = 85

135 : 5 = 20 + 7 = 27
230 : 5 = 40 + 6 = 46
385 : 5 = 70 + 7 = 77

288 : 4 = 70 + 2 = 72
312 : 4 = 70 + 8 = 78
380 : 4 = 90 + 5 = 95

200 : 8 = 20 + 5 = 25
296 : 8 = 30 + 7 = 37
704 : 8 = 80 + 8 = 88

3 Das kannst du ohne Zwischenschritte rechnen:

540 : 10 = 54
370 : 10 = 37
212 : 1 = 212
708 : 1 = 708
330 : 3 = 110
660 : 3 = 220

1 Pele hat 95 Bauklötze und baut 4 gleich hohe Türme.

In jedem Turm sind 23 Klötze.
3 Klötze bleiben übrig.

95 : 4 = 23 Rest 3
80 : 4 = 20
15 : 4 = 3 Rest 3

2

58 : 4 = 14 Rest 2
40 : 4 = 10
18 : 4 = 4 Rest 2

237 : 4 = 59 Rest 1
200 : 4 = 50
37 : 4 = 9 Rest 1

137 : 3 = 45 Rest 2
120 : 3 = 40
17 : 3 = 5 Rest 2

137 : 5 = 27 Rest 2
100 : 5 = 20
37 : 5 = 7 Rest 2

3 Teile die Zahl 326 durch 6, 7, 8 und 9.
Immer bleibt ein Rest. Die Reste zusammen ergeben 14.

326 : 6 = 54 R 2
300 : 6 = 50
26 : 6 = 4 R 2

326 : 8 = 40 R 6
320 : 8 = 40 R 6

326 : 7 = 46 R 4
280 : 7 = 40
46 : 7 = 6 R 4

326 : 9 = 36 R 2
270 : 9 = 30
56 : 9 = 6 R 2

4

	Rest
17 : 2	1
29 : 2	1
38 : 2	0
125 : 2	1
376 : 2	0

	Rest
28 : 5	3
74 : 5	4
212 : 5	2
403 : 5	3
517 : 5	2

	Rest
87 : 10	7
92 : 10	2
121 : 10	1
246 : 10	6
875 : 10	5

1 BADESEE

2 Familien zahlen:
6,40 € · 2 = 12,80 €
6 € · 2 = 12 €
40 ct · 2 = 80 ct

Eintritt:
Kinder 1,30 €
Erwachsene 2,60 €
Familienkarte 6,40 €

2 3 Kinder zahlen:
1,30 € · 3 = 3,90 €
1 € · 3 = 3 €
30 ct · 3 = 90 ct

2 Erwachsene zahlen:
2,60 € · 2 = 5,20 €
2 € · 2 = 4 €
60 ct · 2 = 120 ct

5 Kinder zahlen:
1,30 € · 5 = 6,50 €
1 € · 5 = 5 €
30 ct · 5 = 150 ct

5 Erwachsene zahlen:
2,60 € · 5 = 13 €
2 € · 5 = 10 €
60 ct · 5 = 300 ct

3 Letzten Sommer haben 5 Kinder nur 5,50 € und 5 Erwachsene 12 € bezahlt.

5,50 € : 5 = 1,10 €
5 € : 5 = 1 €
50 ct : 5 = 10 ct

12,00 € : 5 = 2,40 €
10 € : 5 = 2 €
2 € : 5 = 40 ct

Die Preise wurden um 20 ct angehoben.

4
10,80 € : 4 = 2,70 €
8 € : 4 = 2 €
280 ct : 4 = 70 ct

10,80 € : 3 = 3,60 €
9 € : 3 = 3 €
180 ct : 3 = 60 ct

1 Der Pelikan auf dem Foto ist 1,32 m groß. Vor drei Monaten war er 117 cm groß.
Wie viel cm ist er gewachsen?
132 − 117 = 15 cm

2 Die Spannweite der Flügel misst 1,83 m.
Das sind 51 cm mehr als seine Körpergröße.

3 Pelikane fressen vor allem Fische. Jedes Junge bekommt in den ersten 4 Wochen ungefähr 70 kg Futter.
Ein ausgewachsener Pelikan frisst ca. 30 kg im Monat.

Wie viel kg Fisch frisst eine Pelikanfamilie mit 2 Eltern und 2 Jungtieren im 1. Monat nach dem Schlüpfen?
30 kg · 2 = 60 kg (Eltern)
70 kg · 2 = 140 kg (Junge) 60 kg + 140 kg = 200 kg

Nach 9 Wochen sind die Jungen ausgewachsen.
Wie viel kg Fisch frisst die Familie jetzt in einem Monat?
4 · 30 kg = 120 kg

Wie viel kg Fisch frisst ein ausgewachsener Pelikan ungefähr in einem Jahr?
30 kg · 12 = 360 kg

Wie viel kg frisst eine 3-köpfige Pelikanfamilie in einem Jahr?
3 · 360 kg = 1080 kg

1

1 h = 60 min
2 h = 120 min
4 h = 240 min
7 h = 420 min
10 h = 600 min
12 h = 720 min

1 h 30 min = 90 min
4 h 16 min = 256 min
6 h 45 min = 405 min
4 h 55 min = 295 min
8 h 22 min = 502 min
9 h 50 min = 590 min

2

Abfahrt	Fahrtzeit	Ankunft
9.05 Uhr	1 h 10 min	10.15 Uhr
11.34 Uhr	1 h 16 min	12.50 Uhr
11.48 Uhr	54 min	12.42 Uhr
14.57 Uhr	2 h 6 min	17.03 Uhr
16.08 Uhr	3 h 55 min	20.03 Uhr
22.42 Uhr	1 h 28 min	0.10 Uhr

3 Wann kommt Pele an?

Er nimmt einen Zug um 10.24 Uhr. Nach 45 min Fahrtzeit steigt er um. Dafür hat er 12 min Zeit. Nach weiteren 39 min erreicht er mit dem 2. Zug sein Fahrtziel.
Es ist 12.00 Uhr.

Um 16.00 Uhr fährt Pele zurück. Die beiden Züge fahren genauso lange wie am Vormittag. Beim Umsteigen hat er aber nur 5 min Zeit.
Pele ist um 17.29 Uhr am Ziel.

1

1 min = 60 s
3 min = 180 s
5 min = 300 s
7 min = 420 s
9 min = 540 s
11 min = 660 s

1 min 12 s = 72 s
5 min 6 s = 306 s
10 min 25 s = 625 s
2 min 6 s = 126 s
7 min 30 s = 450 s
10 min 55 s = 655 s

Ordne nach der Zeitdauer:

100 s | 1 min | 2 min | 20 s | 125 s | 80 s

20 s < 1 min < 80 s < 100 s < 2 min < 125 s

4 min | 620 s | 11 min | 7 min | 360 s | 230 s

230 s < 4 min < 360 s < 7 min < 620 s < 11 min

426 s | 7 min | 6 min | 8 min | 495 s | 505 s

6 min < 7 min < 426 s < 8 min < 495 s < 505 s

Wer war am schnellsten?
Schreibe in Sekunden:

1. Nina mit 58 s
2. Jan mit 62 s
3. Tim mit 64 s
4. Anton mit 65 s
5. Ester mit 68 s

Sebastian gewinnt den Schwimmwettkampf mit einer Zeit von 2 min 8 s. Er war 4 s schneller als Tom, 12 s schneller als Lisa und 21 s schneller als Paul.

2. Tom 2 min 12 s
3. Lisa 2 min 20 s
4. Paul 2 min 29 s

1

84 · 6 = 504
80 · 6 = 480
4 · 6 = 24

38 · 7 = 266
30 · 7 = 210
8 · 7 = 56

29 · 8 = 232
20 · 8 = 160
9 · 8 = 72

2

42 · 5 = 200 + 10 = 210
94 · 6 = 540 + 24 = 564
19 · 8 = 80 + 72 = 152
109 · 8 = 800 + 72 = 872
67 · 5 = 300 + 35 = 335
38 · 4 = 120 + 32 = 152

9 · 71 = 630 + 9 = 639
3 · 52 = 150 + 6 = 156
7 · 26 = 140 + 42 = 182
4 · 81 = 320 + 4 = 324
6 · 34 = 180 + 24 = 204
9 · 99 = 810 + 81 = 891

3

60 : 4 = 15
40 : 4 = 10
20 : 4 = 5

129 : 3 = 43
120 : 3 = 40
9 : 3 = 3

402 : 6 = 67
360 : 6 = 60
42 : 6 = 7

105 : 7 = 15
70 : 7 = 10
35 : 7 = 5

365 : 5 = 73
350 : 5 = 70
15 : 5 = 3

424 : 8 = 53
400 : 8 = 50
24 : 8 = 3

4

213 : 2 = 106 Rest 1
200 : 2 = 100
13 : 2 = 6 Rest 1

806 : 9 = 89 Rest 5
720 : 9 = 80
86 : 9 = 9 Rest 5

5

1 min = 60 s
4 min = 240 s
9 min = 540 s

2 h = 120 min
6 h = 360 min
11 h = 660 min

1 h 48 min = 108 min
5 h 3 min = 303 min
9 h 40 min = 580 min

1 Schreibe untereinander und rechne. Was fällt dir auf?

388 + 597 | 257 + 345 + 244 | 283 + 284 | 694 + 291 | 127 + 432 + 365 | 239 + 328 | 351 + 67 + 506 | 534 + 246 + 66

388 + 597 = 985
351 + 67 + 506 = 924
257 + 345 + 244 = 846
534 + 246 + 66 = 846

694 + 291 = 985
283 + 284 = 567
239 + 328 = 567
127 + 432 + 365 = 924

2

23,11 € + 246,23 € + 9,86 € = 279,20 €
236,45 € + 98,75 € + 120,37 € = 455,57 €
362,54 € + 84,36 € + 96,72 € = 543,62 €

3 Ergänze die fehlenden Zahlen.

246 + 547 = 793
384 + 528 = 912
268 + 386 = 654
176 + 576 = 752

641: 313 | 328; 137 | 176 | 152

1000: 577 | 423; 333 | 244 | 179

900: 467 | 433; 167 | 300 | 133

Übungen zur Addition

1. Schreibe als Kommazahlen untereinander und rechne.

16 € 99 ct | 7,05 € | 579 ct

  16,99
+ 7,05
+ 5,79
= 29,83 €

2. Bei einer Umfrage sagen 368 Urlauber, dass sie in die Berge fahren. 279 bevorzugen Urlaub an der See. 145 Urlauber geben keine Antwort. Wie viele Urlauber wurden befragt?

  368
+ 279
+ 145
= 792

Es wurden 792 Urlauber befragt.

3. Herr Müller lädt seine Familie zum Essen in eine Pizzeria ein. Für das Essen muss Herr Müller 32,45 € bezahlen und für die Getränke 12,60 €. Der Ober erhält 2,95 € Trinkgeld. Wie viel gibt Herr Müller dem Ober?

  32,45 €
+ 12,60 €
+ 2,95 €
= 48,00 €

Herr Müller gibt dem Ober 48 Euro.

4. Welche Zahl erhältst du, wenn du zum Doppelten der Zahl 167 die Zahl 423 addierst?

167 + 167 = 334

334 + 423 = 757

1.

783 − 456 = 327	571 − 108 = 463	647 − 528 = 119	830 − 627 = 203	973 − 299 = 674
634 − 216 = 418	708 − 155 = 553	894 − 286 = 608	406 − 259 = 147	500 − 199 = 301

2. Schreibe als Kommazahlen untereinander und rechne.

26,34 m − 708 cm | 924 cm − 3,57 m | 15,28 m − 290 cm | 803 cm − 2,49 m

26,34 m − 7,08 m = 19,26 m

15,28 m − 2,90 m = 12,38 m

9,24 m − 3,57 m = 5,67 m

8,03 m − 2,49 m = 5,54 m

3. Subtrahiere vom Ergebnis immer die Zahl 136.

952 − 136 = 816

816 − 136 = 680

680 − 136 = 544

544 − 136 = 408

408 − 136 = 272

272 − 136 = 136

136 − 136 = 0

4.

167,90 m − 43,56 m − 28,46 m = 95,88 m

213,00 m − 85,34 m − 79,11 m = 48,55 m

110,54 m − 49,67 m − 26,89 m = 33,98 m

1. Ziehe von der Hälfte von 536 170 ab.

268 − 170 = 98

2. Vermindere 712 um 398.

712 − 398 = 314

3. Wie groß ist der Unterschied zwischen den Zahlen 913 und 319?

913 − 319 = 594

Der Unterschied ist 594.

4. Tobias hat 375 € auf seinem Sparbuch. Er hebt 136 € ab, um sich einen CD Spieler zu kaufen. Wie viel Geld bleibt ihm?

375 € − 136 € = 239 €

Tobias hat noch 239 Euro übrig.

5. Für die geplante Klassenreise muss jeder Schüler 235 € bezahlen. Unterkunft und Verpflegung kosten 137 €, die Busfahrt 52 €. Wie viel Geld ist für Aktivitäten am Ort eingeplant?

235 € − 137 € = 98 €

98 € − 52 € = 46 €

46 Euro sind für Aktivitäten am Ort eingeplant.

1.

6 · 20 + 43 = 163

7 · 30 + 65 = 275

5 · 60 + 37 = 337

4 · 40 − 15 = 145

9 · 70 − 12 = 618

3 · 80 − 27 = 213

2.

·	6	60	16	66
2	12	120	32	132
4	24	240	64	264
6	36	360	96	396

·	5	50	15	55
3	15	150	45	165
5	25	250	75	275
7	35	350	105	385

3. Rechne im Kopf.

6 · 12 = 72 | 4 · 17 = 68 | 5 · 14 = 70 | 4 · 16 = 64

60 · 12 = 720 | 40 · 17 = 680 | 50 · 14 = 700 | 40 · 16 = 640

18 · 3 = 54 | 19 · 4 = 76 | 13 · 5 = 65 | 15 · 6 = 90

18 · 30 = 540 | 19 · 40 = 760 | 13 · 50 = 650 | 15 · 60 = 900

4. Herr Müller trainiert für einen Marathon. Täglich läuft er 17 km. Wie viele km legt er in einer Woche zurück?

17 km · 7 = 119

10 km · 7 = 70

7 km · 7 = 49

Herr Müller läuft 119 km in einer Woche.

5. Peter kauft sich 5 Mathematikhefte und zwei Hausaufgabenhefte. Das Mathematikheft kostet 75 ct und das Hausaufgabenheft 65 ct. Wie viel muss er bezahlen?

75 ct · 5 = 3,75 €

70 ct · 5 = 350 ct

5 ct · 5 = 25 ct

65 ct · 2 = 1,30 €

60 ct · 2 = 120 ct

5 ct · 2 = 10 ct

3,75 € + 1,30 € = 5,05 €

Peter bezahlt 5,05 €.

1 Kontrolliere mit der Malaufgabe:

162 : 9 = 18	175 : 7 = 25	132 : 6 = 22
90 : 9 = 10	140 : 7 = 20	120 : 6 = 20
72 : 9 = 8	35 : 7 = 5	12 : 6 = 2
Probe:	Probe:	Probe:
18 · 9 = 162	25 · 7 = 175	22 · 6 = 132
10 · 9 = 90	20 · 7 = 140	20 · 6 = 120
8 · 9 = 72	5 · 7 = 35	2 · 6 = 12

225 : 5 = 45	171 : 9 = 19	108 : 4 = 27
200 : 5 = 40	90 : 9 = 10	80 : 4 = 20
25 : 5 = 5	81 : 9 = 9	28 : 4 = 7
Probe:	Probe:	Probe:
45 · 5 = 225	19 · 9 = 171	27 · 4 = 108
40 · 5 = 200	10 · 9 = 90	20 · 4 = 80
5 · 5 = 25	9 · 9 = 81	7 · 4 = 28

2 Paul kauft 6 Schokoriegel für 1,98 €.
Wie viel muss er für einen Riegel bezahlen?

1,98 : 6 = 0,33
1,80 : 6 = 0,30
0,18 : 6 = 0,03

0,30 ct
+ 0,03 ct
0,33 ct

Paul muss für einen Riegel 33 ct bezahlen.

3 Nadine hat 7 Brötchen gekauft. Sie hat 1,26 € bezahlt.
Wie viel kostet ein Brötchen?

1,26 : 7 = 0,18
0,70 : 7 = 0,10
0,56 : 7 = 0,08

0,10 ct
+ 0,08 ct
0,18 ct

Ein Brötchen kostet 18 ct.

1

311	312	313
321	322	323
331	332	333

945	946	947
	956	957
		967
		977

				447	448	449
453	454	455	456	457	458	459

2

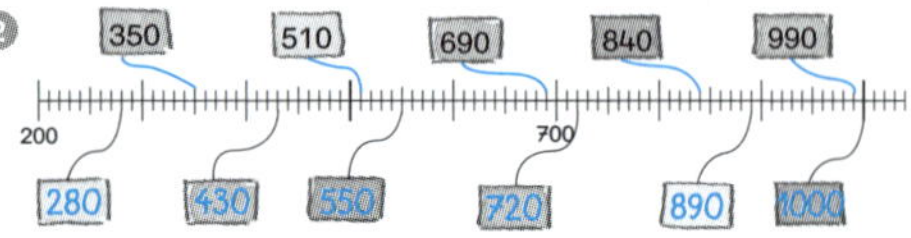

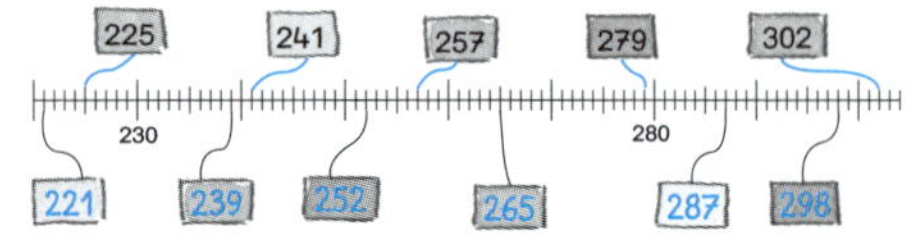

3

436	112	212	227	588
+ 522	+ 339	+ 659	+ 496	+ 217
958	451	871	723	805

4

302,45 €	275,95 €	1000,00 €
− 195,68 €	− 98,99 €	− 463,25 €
106,77 €	176,96 €	536,75 €

5

120,45 € — gegeben:  zurück: 29,55 €

75,63 € — gegeben:  zurück: 24,37 €

395,50 € — gegeben:  zurück: 104,50 €

6

5 · 43 = 200 + 15 = 215
7 · 28 = 140 + 56 = 196
4 · 49 = 160 + 36 = 196
6 · 24 = 120 + 24 = 144
5 · 36 = 150 + 30 = 180
3 · 27 = 60 + 21 = 81

7

105 : 3 = 30 + 5 = 35
258 : 6 = 40 + 3 = 43
340 : 5 = 60 + 8 = 68
574 : 7 = 80 + 2 = 82
432 : 8 = 50 + 4 = 54
304 : 4 = 70 + 6 = 76

8

·	23	34	42	51
3	69	102	126	153
5	115	170	210	255

·	23	42	36	75
4	92	168	144	300
6	138	252	216	450

9

2,50 € · 3 = 7,50 €
2 € · 3 = 6 €
0,50 € · 3 = 1,50 €

10,40 € : 5 = 2,08 €
10 € : 5 = 2 €
0,40 € : 5 = 0,08 €

10

127 : 5 = 25 R 2 248 : 6 = 41 R 2 360 : 7 = 51 R 3
483 : 8 = 60 R 3 247 : 3 = 82 R 1 291 : 4 = 72 R 3

11

7 · 15 + 45 = 150 100 − 7 · 11 = 23
3 · 28 + 16 = 100 200 − 6 · 12 = 128

12

Abfahrt	10.15 Uhr	13.07 Uhr	12.05 Uhr	22.50 Uhr	16.05 Uhr
Fahrzeit	1 h 45 min	1 h 29 min	3 h 45 min	2 h 20 min	4 h 50 min
Ankunft	12.00 Uhr	14.36 Uhr	15.50 Uhr	1.10 Uhr	20.55 Uhr

13

1,25 m = 125 cm 4,03 m = 403 cm 0,05 m = 5 cm
0,43 m = 43 cm 5,78 m = 578 cm 3,06 m = 306 cm
463 cm = 4,63 m 86 cm = 0,86 m 12 cm = 0,12 m
507 cm = 5,07 m 49 cm = 0,49 m 7 cm = 0,07 m

14

1 h = 60 min 1 h 25 min = 85 min 1 min = 60 sec
4 h = 240 min 5 h 30 min = 330 min 9 min = 540 sec

15 Wie heißen die Körper?

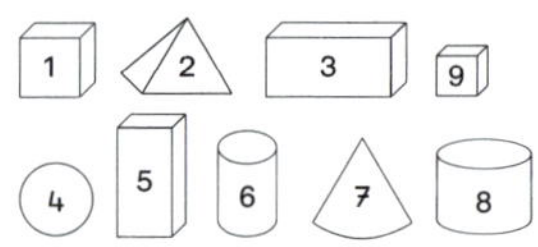

Würfel	1, 9
Quader	3, 5
Kugel	4
Kegel	7
Zylinder	6, 8
Pyramide	2

16 Zeichne alle Symmetrieachsen ein.

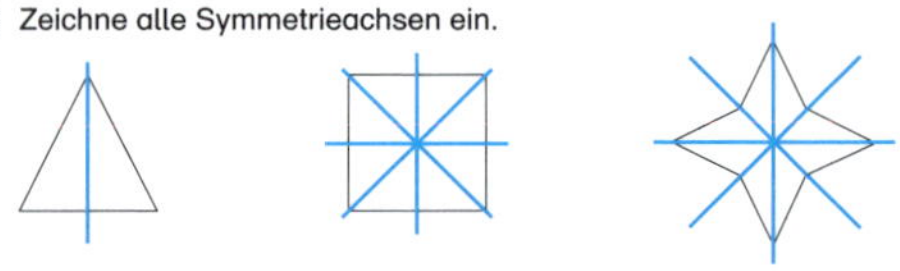

17

1 kg	
420 g	580 g
935 g	65 g
305 g	695 g
877 g	123 g
5 g	995 g

1 l	
333 ml	667 ml
405 ml	595 ml
970 ml	30 ml
910 ml	90 ml
5 ml	995 ml

1 1 km = ______ m

Wie viele Meter fehlen zu 1 Kilometer?

600 m + ______ m = 1 km	950 m + ______ m = 1 km
320 m + ______ ___ = 1 km	180 m + ______ ___ = 1 km
404 m + ______ ___ = 1 km	29 m + ______ ___ = 1 km
333 m + ______ ___ = 1 km	816 m + ______ ___ = 1 km

2 Lisas Schulweg ist 500 m lang.

Das sind hin und zurück ______ m oder 1 ____. Wie viele Kilometer läuft Lisa in einer Woche zur Schule hin und zurück?

____

3 Levin kommt mit dem Fahrrad zur Schule.

Der einfache Weg ist 2 Kilometer lang. Wie viele Kilometer fährt Levin in einer Woche zur Schule hin und zurück?

____

4 Tanika wird mit dem Auto zur Schule gebracht.

Ihr Vater fährt von zu Hause bis zur Schule 6 km. Wie viele Kilometer fährt er pro Woche zur Schule hin und zurück?

____

5 Ordne nach der Größe:

4 m	270 cm	320 mm	5 km	3,5 cm

______ < ______ < ______ < ______ < ______

7 cm	7 mm	700 mm	7 m	700 m

______ < ______ < ______ < ______ < ______

1 Verbinde die Punkte A, B und C und die Punkte D, E und F zu je einem Dreieck. Miss die Seitenlängen.

$\overline{AB}$ = ___ cm

$\overline{BC}$ = ___ cm

$\overline{CA}$ = ___ cm

$\overline{DE}$ = ___ cm

$\overline{EF}$ = ___ cm

$\overline{DF}$ = ___ cm

2 Verbinde die Punkte A, B, C und D zu einem Viereck und miss die Seitenlängen. Was stellst du fest?

$\overline{AB}$ = ___ cm ___ mm

$\overline{BC}$ = ___ cm ___ mm

$\overline{DC}$ = ___ cm ___ mm

$\overline{DA}$ = ___ cm ___ mm

3 Male die Rechtecke blau aus.

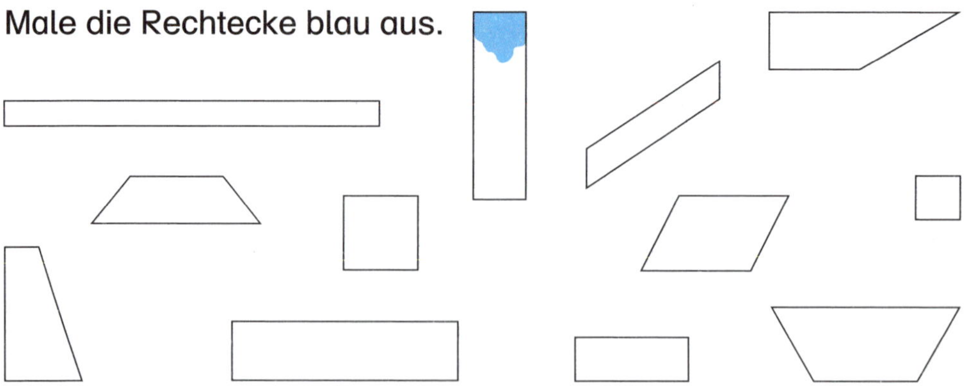

1 Vervollständige zu Quadraten.

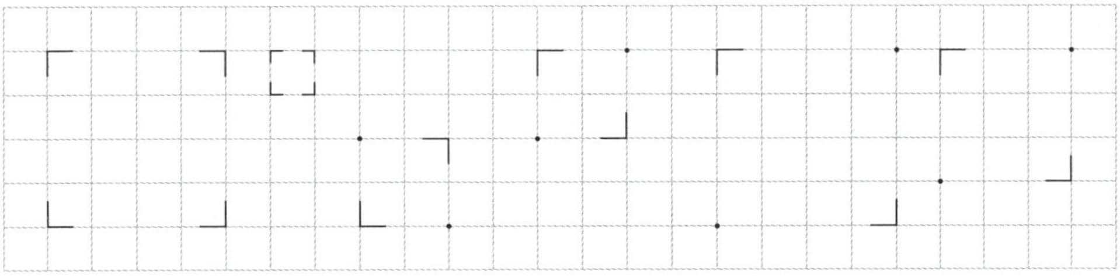

2 

Manche Rechtecke heißen Quadrate.
Schau dir die Seiten der Quadrate an.
Was fällt dir auf?

____

____

3 Wie viele Quadrate verbergen sich in diesen Figuren?

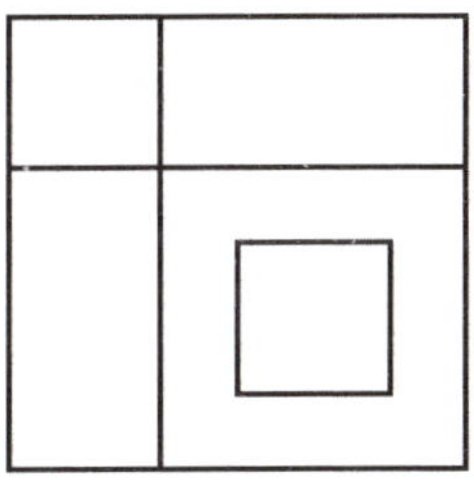

___ Quadrate

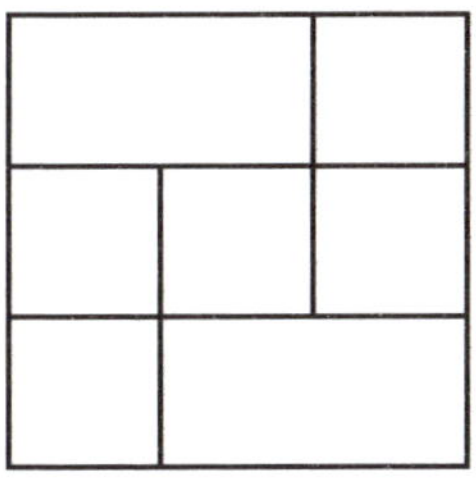

___ Quadrate

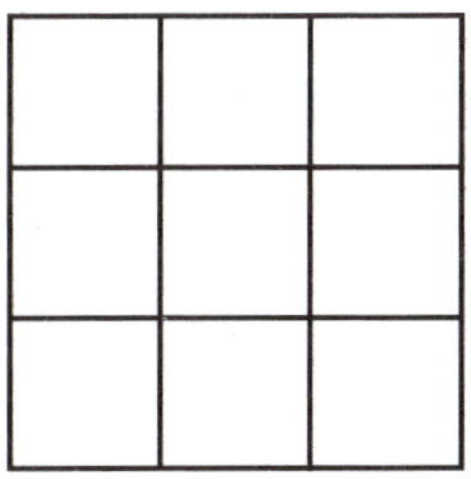

___ Quadrate

4 Suche in deiner Umgebung nach Gegenständen mit runder Fläche. Umfahre die Flächen mit einem Stift.

Muster

1 Zeichne das Muster ab und färbe es ein.

2 Zeichne in jedes Quadrat das gleiche Muster.
Male alle genau gleich aus.

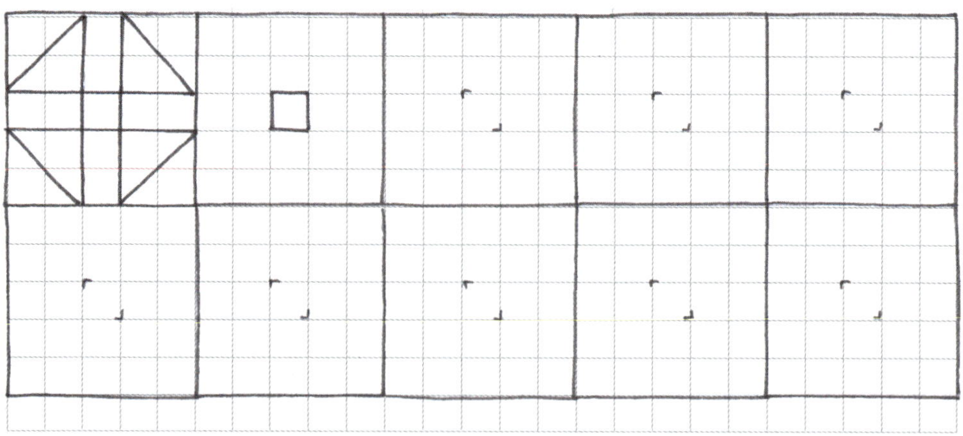

1

	2	7	5
+	3	6	9

	4	1	2
+	1	9	8

	6	2	7
+		9	7

	3	1	5
+	1	6	9

2

	7	2	8
−	5	9	7

	4	3	2
−	2	4	9

	3	0	0
−	1	4	5

	1	0	0	0
−		7	3	6

3

	4	2	5,	1	2	€
+	1	3	6,	7	5	€

	2	0	7,	5	0	€
+	3	3	6,	2	5	€

	3	7	5,	9	9	€
+	1	3	6,	4	5	€

	6	3	7,	5	1	€
−	4	4	8,	4	5	€

	5	2	0,	8	0	€
−	3	4	5,	9	5	€

	1	0	0	0,	0	0	€
−		4	3	8,	7	5	€

4 Wie lang sind die Strecken?

├──────────┤	___ mm = ___ cm
├────────────────────┤	___ mm = ___ cm

Zeichne Strecken.

	15 mm = 1,5 cm
	___ mm = 4,2 cm

5 Ordne der Länge nach.

5 m 4 cm 31 mm 1 km 4,5 m

___ < ___ < ___ < ___ < ___

1

·	2	5	8	4
4				
40				

·	3	9	7	6
7				
70				

2

3 · 30 = ____	6 · 40 = ____	9 · 30 = ____
3 · 40 = ____	6 · 60 = ____	9 · 60 = ____
3 · 50 = ____	6 · 80 = ____	9 · 90 = ____
5 · 50 = ____	2 · 80 = ____	2 · 100 = ____
7 · 50 = ____	4 · 80 = ____	5 · 100 = ____
9 · 50 = ____	8 · 80 = ____	10 · 100 = ____

3 Verbinde:

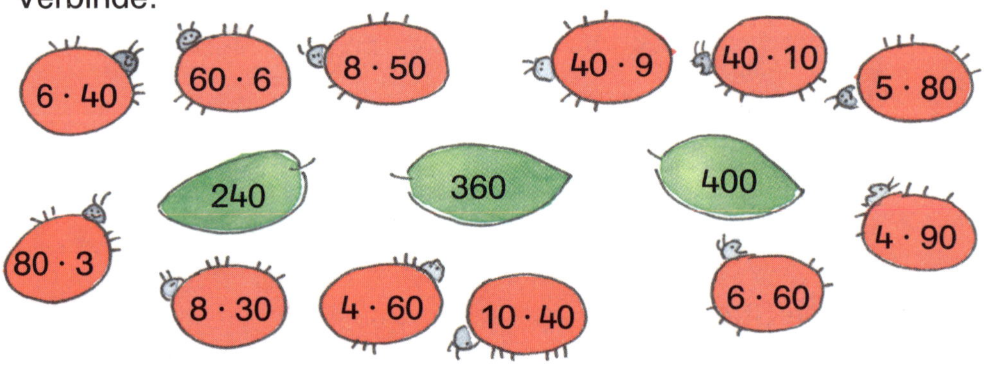

4 6 Aufgaben passen zueinander:

5 · 8 = ____	9 · 4 = ____	3 · 6 = ____
5 · 80 = ____	9 · 40 = ____	3 · ____ = ____
50 · 8 = ____	90 · 4 = ____	30 · ____ = ____
8 · 5 = ____	4 · 9 = ____	6 · ____ = ____
8 · 50 = ____	4 · 90 = ____	6 · ____ = ____
80 · 5 = ____	40 · 9 = ____	60 · ____ = ____

1 <, > oder =?

$4 \cdot 70$ ◯ $10 \cdot 30$	$2 \cdot 30$ ◯ $1 \cdot 60$	$7 \cdot 60$ ◯ $9 \cdot 50$
$8 \cdot 20$ ◯ $4 \cdot 40$	$6 \cdot 70$ ◯ $3 \cdot 80$	$8 \cdot 90$ ◯ $7 \cdot 80$
$5 \cdot 40$ ◯ $3 \cdot 50$	$8 \cdot 80$ ◯ $9 \cdot 90$	$6 \cdot 60$ ◯ $9 \cdot 40$

2 Pele macht eine Radtour. Er fährt an den ersten 3 Tagen jeweils 50 km. Am letzten Tag sind es nochmal 30 km. Wie weit ist er insgesamt gefahren?

Er ist insgesamt

_____ km geradelt.

3 $5 \cdot 20 + 40 =$ 100 + _____ = _____

$8 \cdot 30 + 20 =$ _____ + _____ = _____

$4 \cdot 80 + 30 =$ _____ + _____ = _____

4 Ein Spiel hat 40 Karten.

Spiele	2	4	7	10			0	9	
Karten	80				120	200			320

Ein Comicheft hat 60 Seiten.

Comics	5	3	9			8	11		
Seiten				120	420			600	240

5

$2 \cdot$ _____ $= 180$	$4 \cdot$ _____ $= 360$	$70 \cdot$ _____ $= 490$
$3 \cdot$ _____ $= 210$	$8 \cdot$ _____ $= 560$	$60 \cdot$ _____ $= 540$
$5 \cdot$ _____ $= 400$	$6 \cdot$ _____ $= 240$	$30 \cdot$ _____ $= 300$

1 Was gehört zusammen? Rechne aus und verbinde.

3 · 50 = ____
5 · 60 = ____
8 · 30 = ____
6 · 40 = ____
4 · 80 = ____

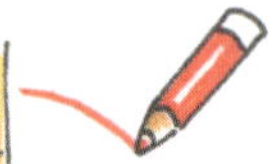

300 : 60 = ____
240 : 40 = ____
150 : 50 = ____
240 : 30 = ____
320 : 80 = ____

2

120 : 20 = ____	160 : 40 = ____	280 : 70 = ____
160 : 20 = ____	280 : 40 = ____	350 : 70 = ____
200 : 20 = ____	360 : 40 = ____	560 : 70 = ____

3

180 : 3 = ____	120 : 6 = ____	240 : 8 = ____
270 : 3 = ____	300 : 6 = ____	400 : 8 = ____
120 : 3 = ____	480 : 6 = ____	640 : 8 = ____

4

	: 9	: 90
270		
450		
810		

	: 4	: 40
320		
200		
240		

	: 7	: 70
630		
210		
420		

5

: 80 — 640, 400, 880, 480, 160, 800, 560, 320

: 9 — 270, 720, 180, 450, 360, 630, 810, 540

1 <, > oder =?

420 : 7	◯	360 : 6	540 : 90	◯	210 : 30
240 : 8	◯	180 : 9	810 : 90	◯	480 : 60
560 : 7	◯	450 : 5	240 : 40	◯	360 : 60
270 : 3	◯	640 : 8	320 : 80	◯	250 : 50

2

6 · 20 = ___
20 · ___ = ___
120 : ___ = ___
___ : ___ = ___

3 · 70 = ___
___ · ___ = ___
___ : ___ = ___
___ : ___ = ___

3

Am Samstag besuchen 50 Kinder und 40 Erwachsene den Zirkus. Wie hoch sind die Einnahmen?

4 Am Sonntag nimmt der Zirkus 590 Euro ein, 350 Euro davon sind von Erwachsenen. Wie viele Kinder und Erwachsene besuchen diese Vorführung?

Es sind ___ Kinder und ___ Erwachsene.

Division mit Rest

1

Pele teilt gerecht mit seinen Freunden.
Jeder bekommt gleich viele Fische.
Wie viele bleiben übrig?

21 Fische, 4 Freunde

21 : 4 = ___ Rest ___

Jeder bekommt ___ Fische, ___ bleibt übrig.

2

Fische	10	13	19	26	30	33	35	41	46	81
jeder bekommt										
Rest										

3

84 : 10 = ___ Rest ___

27 : 10 = ___ Rest ___

35 : 10 = ___ Rest ___

48 : 5 = ___ Rest ___

12 : 5 = ___ Rest ___

37 : 5 = ___ Rest ___

4

61 : 10 = ___ Rest ___

125 : 20 = ___ Rest ___

63 : 20 = ___ Rest ___

29 : 5 = ___ Rest ___

95 : 30 = ___ Rest ___

110 : 30 = ___ Rest ___

5

75 : 8 = ___ Rest ___, weil 9 · 8 + ___ = 75

26 : 5 = ___ Rest ___, weil ___ · 5 + ___ = 26

104 : 10 = ___ Rest ___, weil ___ · 10 + ___ = 104

6 Suche Zahlen, die beim Teilen durch 4 den Rest 3 haben.

Lösungen: ___

1 Verbinde.

Pyramide Kegel Zylinder

2 Du siehst die Körper von oben und von vorn. Wie heißen sie?

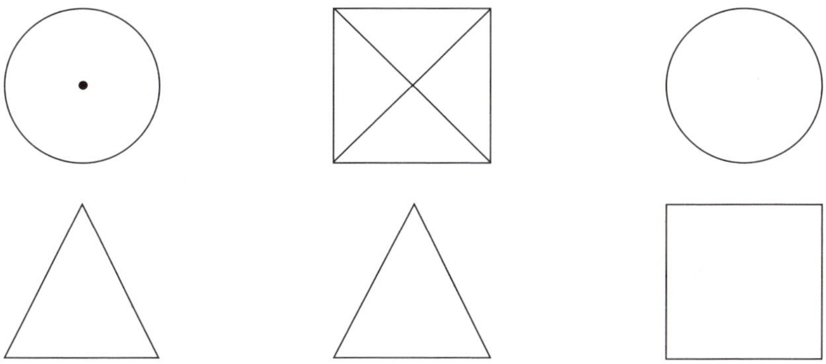

1 Fülle die Tabelle aus.

	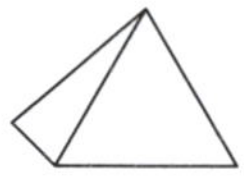		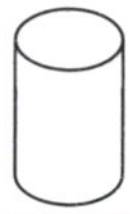	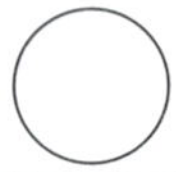
Anzahl der Begrenzungsflächen				
Anzahl der Ecken				
Anzahl der Kanten				

2 Körper-Rätsel

Mein Körper hat 6 Begrenzungsflächen, 8 Ecken und 12 Kanten. Gegenüberliegende Flächen sind gleich groß.

Es ist ein ____________ oder ein ____________.

3 Finde für die Pyramide selbst einen Text.

____

____

____

4 Wie viele Würfel wurden für die Gebäude gebraucht?

Ⓐ 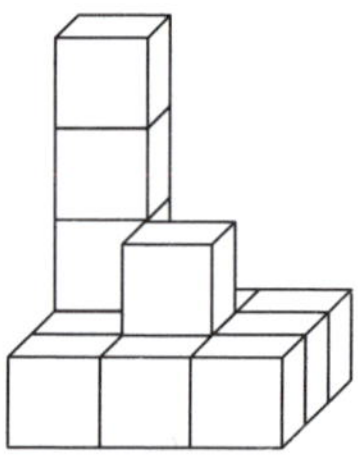 ____

Ⓑ 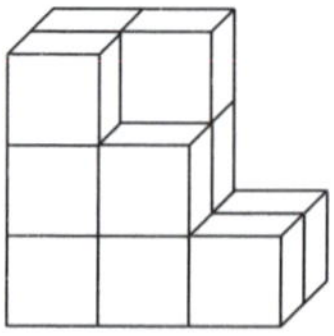 ____

Ⓒ 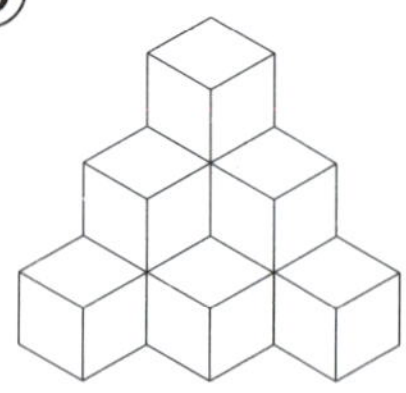 ____

Wie viele Würfel fehlen, um die Gebäude zu Quadern zu ergänzen?

Ⓐ ____ Würfel Ⓑ ____ Würfel Ⓒ ____ Würfel

1

2 · 20 = ____ 5 · 80 = ____ 40 · 8 = ____
4 · 70 = ____ 3 · 90 = ____ 60 · 9 = ____
8 · 30 = ____ 6 · 40 = ____ 80 · 7 = ____
7 · 60 = ____ 5 · 50 = ____ 70 · 6 = ____

2

3 · ____ = 270 9 · ____ = 180 70 · ____ = 280
4 · ____ = 200 7 · ____ = 490 60 · ____ = 180
5 · ____ = 350 5 · ____ = 400 80 · ____ = 480
6 · ____ = 540 3 · ____ = 150 20 · ____ = 220

3

300 : 50 = ____ 900 : 90 = ____ 160 : 2 = ____
440 : 40 = ____ 280 : 40 = ____ 160 : 4 = ____
240 : 30 = ____ 360 : 60 = ____ 180 : 9 = ____
560 : 70 = ____ 450 : 50 = ____ 150 : 3 = ____

4

350 → : 70 → ☐ → · 80 → ☐ → : 10 → ☐ → · 6 → ☐ → : 8 → ☐ → · 7 → ☐ → : 30 → ☐ → · 50 → 350

5

28 : 6 = ____ Rest ____ 520 : 80 = ____ Rest ____
42 : 8 = ____ Rest ____ 37 : 5 = ____ Rest ____
230 : 70 = ____ Rest ____ 56 : 9 = ____ Rest ____

6

5 · 80 = ____	7 · 60 = ____
80 · ____ = ____	____ · ____ = ____
____ : ____ = ____	____ : ____ = ____
____ : ____ = ____	____ : ____ = ____

1 Pele will 4 neue Stühle kaufen.

4 · 23 = ___

4 · 20 = ___
4 · 3 = ___

Vier neue Stühle kosten ___ €.

2

5 · 23 = ___	7 · 23 = ___	9 · 23 = ___
5 · 20 = ___	7 · 20 = ___	9 · 20 = ___
5 · 3 = ___	7 · 3 = ___	9 · 3 = ___

8 · 14 = ___	5 · 27 = ___	7 · 19 = ___
8 · 10 = ___	5 · 20 = ___	7 · 10 = ___
8 · ___ = ___	5 · ___ = ___	7 · ___ = ___

3

32 · 4 = ___	45 · 3 = ___	72 · 5 = ___
30 · 4 = ___	40 · 3 = ___	70 · 5 = ___
2 · 4 = ___	5 · 3 = ___	2 · 5 = ___

26 · 7 = ___	58 · 6 = ___	67 · 2 = ___
20 · 7 = ___	50 · 6 = ___	___ · 2 = ___
___ · 7 = ___	___ · 6 = ___	___ · 2 = ___

4 Frau Vogel kauft 6 neue Stühle. Einer kostet 69 €.

Wie viel bezahlt sie?
Antwort:

___

___

1 Rechne die Hilfsaufgaben im Kopf. Schreibe die Ergebnisse als Plusaufgabe auf. Beispiel: 3 · 18 = 30 + 24 = 54

5 · 18 = ____ + ____ = ____ 4 · 27 = ____ + ____ = ____
8 · 18 = ____ + ____ = ____ 6 · 27 = ____ + ____ = ____
9 · 18 = ____ + ____ = ____ 7 · 27 = ____ + ____ = ____

3 · 24 = ____ + ____ = ____ 5 · 26 = ____ + ____ = ____
3 · 39 = ____ + ____ = ____ 5 · 71 = ____ + ____ = ____
3 · 74 = ____ + ____ = ____ 5 · 92 = ____ + ____ = ____

2 Setze die Buchstaben ein.
Finde heraus, was Pele nicht schmeckt.

A	I	L	M	N	S	T	U
186	112	165	175	198	144	156	168

7 · 25 = ____ + ____ = ____ ☐ 6 · 33 = ____ + ____ = ____ ☐
3 · 62 = ____ + ____ = ____ ☐ 4 · 42 = ____ + ____ = ____ ☐
7 · 16 = ____ + ____ = ____ ☐ 6 · 24 = ____ + ____ = ____ ☐
3 · 48 = ____ + ____ = ____ ☐ 4 · 36 = ____ + ____ = ____ ☐

Wie heißen Peles Freunde in der Schule?

84 · 2 = ____ + ____ = ____ ☐ 39 · 4 = ____ + ____ = ____ ☐
33 · 5 = ____ + ____ = ____ ☐ 56 · 2 = ____ + ____ = ____ ☐
55 · 3 = ____ + ____ = ____ ☐ 66 · 3 = ____ + ____ = ____ ☐
28 · 4 = ____ + ____ = ____ ☐ 31 · 6 = ____ + ____ = ____ ☐

3 Schreibe die passenden Zahlen in die Kleckse:

5 · ●4 = 250 + ●● = 2●● 9 · ●6 = 180 + ●● = ●●●
6 · 3● = ●●● + 36 = ●1● ● · ●4 = 24● + 16 = ●●●
● · 4● = 280 + ●● = 315 ● · ●● = 560 + 21 = ●●●

1 Pele angelt mit seiner Familie.
Er verteilt 52 Würmer gerecht an alle 4.

52 : 4 = ____

40 : 4 = ____
12 : 4 = ____

Jeder in Peles Familie bekommt ____ Würmer.

2

56 : 4 = ____
40 : 4 = ____
16 : 4 = ____

92 : 4 = ____
80 : 4 = ____
12 : 4 = ____

248 : 4 = ____
240 : 4 = ____
8 : 4 = ____

80 : 5 = ____
50 : 5 = ____
____ : 5 = ____

54 : 3 = ____
30 : 3 = ____
____ : 3 = ____

152 : 2 = ____
140 : 2 = ____
____ : 2 = ____

3

98 : 7 = ____
____ : 7 = ____
____ : 7 = ____

125 : 5 = ____
____ : 5 = ____
____ : 5 = ____

224 : 7 = ____
____ : 7 = ____
____ : 7 = ____

336 : 6 = ____
____ : ____ = ____
____ : ____ = ____

504 : 6 = ____
____ : ____ = ____
____ : ____ = ____

927 : 9 = ____
____ : ____ = ____
____ : ____ = ____

4 Frau Walter hat 81 Kopien gemacht. Sie verteilt in der 3a an jedes Kind 3 Arbeitsblätter. Wie viele Kinder sind in der 3a?

In der Klasse 3a sind

________________.

1

Auf dem Frühlingsfest wurden am Essensstand 510 € eingenommen:
174 € durch den Verkauf von Pommes,
111 € durch den Verkauf von Suppe, der Rest durch den Verkauf von Pizza.
Wie viele Portionen wurden jeweils verkauft?

So viele Portionen wurden verkauft:

Pommes ☐ Suppe ☐ Pizza ☐ (insgesamt 169)

2 Rechne die Hilfsaufgaben im Kopf:

102 : 3 = ___ + ___ = ___	135 : 5 = ___ + ___ = ___
141 : 3 = ___ + ___ = ___	230 : 5 = ___ + ___ = ___
255 : 3 = ___ + ___ = ___	385 : 5 = ___ + ___ = ___
288 : 4 = ___ + ___ = ___	200 : 8 = ___ + ___ = ___
312 : 4 = ___ + ___ = ___	296 : 8 = ___ + ___ = ___
380 : 4 = ___ + ___ = ___	704 : 8 = ___ + ___ = ___

3 Das kannst du ohne Zwischenschritte rechnen:

540 : 10 = ___	212 : 1 = ___	330 : 3 = ___
370 : 10 = ___	708 : 1 = ___	660 : 3 = ___

Halbschriftliche Division mit Rest

1 Pele hat 95 Bauklötze und baut 4 gleich hohe Türme.

In jedem Turm sind ___ Klötze.

___ Klötze bleiben übrig.

95 : 4 = ___ Rest ___

80 : 4 = ___

15 : 4 = ___ Rest ___

2

58 : 4 = ___ Rest ___

___ : 4 = ___

___ : 4 = ___ Rest ___

237 : 4 = ___ Rest ___

___ : 4 = ___

___ : 4 = ___ Rest ___

137 : 3 = ___ Rest ___

___ : 3 = ___

___ : 3 = ___ Rest ___

137 : 5 = ___ Rest ___

___ : 5 = ___

___ : 5 = ___ Rest ___

3 Teile die Zahl 326 durch 6, 7, 8 und 9.
Immer bleibt ein Rest. Die Reste zusammen ergeben 14.

4

	Rest
17 : 2	
29 : 2	
38 : 2	
125 : 2	
376 : 2	

	Rest
28 : 5	
74 : 5	
212 : 5	
403 : 5	
517 : 5	

	Rest
87 : 10	
92 : 10	
121 : 10	
246 : 10	
875 : 10	

1

2 Familien zahlen:

6,40 € · 2 = ___ €

6 € · 2 = ___ €

40 ct · 2 = ___ ct

Eintritt:

Kinder 1,30 €

Erwachsene 2,60 €

Familienkarte 6,40 €

2 3 Kinder zahlen:

1,30 € · 3 = ___ €

1 € · 3 = ___ €

30 ct · 3 = ___ ct

2 Erwachsene zahlen:

___ · ___ = ___

___ · ___ = ___

___ · ___ = ___

5 Kinder zahlen:

___ · ___ = ___

___ · ___ = ___

___ · ___ = ___

5 Erwachsene zahlen:

___ · ___ = ___

___ · ___ = ___

___ · ___ = ___

3 Letzten Sommer haben 5 Kinder nur 5,50 € und 5 Erwachsene 12 € bezahlt.

5,50 € : 5 = ___ €

___ € : 5 = ___ €

___ ct : 5 = ___ ct

12,00 € : 5 = ___ €

10 € : ___ = ___

___ : ___ = ___

Die Preise wurden um ___ ct angehoben.

4 10,80 € : 4 = ___ €

___ : ___ = ___

___ : ___ = ___

10,80 € : 3 = ___ €

___ : ___ = ___

___ : ___ = ___

1 Der Pelikan auf dem Foto ist 1,32 m groß. Vor drei Monaten war er 117 cm groß.
Wie viel cm ist er gewachsen?

2 Die Spannweite der Flügel misst 1,83 m.
Das sind ____ cm mehr als seine Körpergröße.

3 Pelikane fressen vor allem Fische. Jedes Junge bekommt in den ersten 4 Wochen ungefähr 70 kg Futter.
Ein ausgewachsener Pelikan frisst ca. 30 kg im Monat.

Wie viel kg Fisch frisst eine Pelikanfamilie mit 2 Eltern und 2 Jungtieren im 1. Monat nach dem Schlüpfen?

Nach 9 Wochen sind die Jungen ausgewachsen.
Wie viel kg Fisch frisst die Familie jetzt in einem Monat?

Wie viel kg Fisch frisst ein ausgewachsener Pelikan ungefähr in einem Jahr?

Wie viel kg frisst eine 3-köpfige Pelikanfamilie in einem Jahr?

1

1 h = ___ min

2 h = ___ min

4 h = ___ min

7 h = ___ min

10 h = ___ min

12 h = ___ min

1 h 30 min = ___ min

4 h 16 min = ___ min

6 h 45 min = ___ min

___ h ___ min = 295 min

___ h ___ min = 502 min

___ h ___ min = 590 min

2

Abfahrt	Fahrtzeit	Ankunft
9.05 Uhr	1 h 10 min	Uhr
11.34 Uhr	1 h 16 min	Uhr
11.48 Uhr	54 min	Uhr
14.57 Uhr	2 h 6 min	Uhr
16.08 Uhr	3 h 55 min	Uhr
22.42 Uhr	1 h 28 min	Uhr

3 Wann kommt Pele an?

Er nimmt einen Zug um 10.24 Uhr. Nach 45 min Fahrtzeit steigt er um. Dafür hat er 12 min Zeit. Nach weiteren 39 min erreicht er mit dem 2. Zug sein Fahrtziel.

Es ist ___ Uhr.

Um 16.00 Uhr fährt Pele zurück. Die beiden Züge fahren genauso lange wie am Vormittag. Beim Umsteigen hat er aber nur 5 min Zeit.

Pele ist um ___ Uhr am Ziel.

1

1 min = ____ s
3 min = ____ s
5 min = ____ s
7 min = ____ s
9 min = ____ s
11 min = ____ s

1 min 12 s = ____ s
5 min 6 s = ____ s
10 min 25 s = ____ s
__ min __ s = 126 s
__ min __ s = 450 s
__ min __ s = 655 s

Ordne nach der Zeitdauer:

100 s | 1 min | 2 min | 20 s | 125 s | 80 s

____ < ____ < ____ < ____ < ____ < ____

4 min | 620 s | 11 min | 7 min | 360 s | 230 s

____ < ____ < ____ < ____ < ____ < ____

426 s | 7 min | 6 min | 8 min | 495 s | 505 s

____ < ____ < ____ < ____ < ____ < ____

Wer war am schnellsten?
Schreibe in Sekunden:

1. ________ mit ____ s
2. ________ mit ____ s
3. ________ mit ____ s
4. ________ mit ____ s
5. ________ mit ____ s

Sebastian gewinnt den Schwimmwettkampf mit einer Zeit von 2 min 8 s. Er war 4 s schneller als Tom, 12 s schneller als Lisa und 21 s schneller als Paul.

2. Tom __ min ____ s
3. Lisa __ min ____ s
4. Paul __ min ____ s

1

84 · 6 = ____
80 · 6 = ____
____ · 6 = ____

38 · 7 = ____
____ · 7 = ____
____ · 7 = ____

29 · 8 = ____
____ · 8 = ____
____ · 8 = ____

2

42 · 5 = ____ + ____ = ____
94 · 6 = ____ + ____ = ____
19 · 8 = ____ + ____ = ____
109 · 8 = ____ + ____ = ____
67 · 5 = ____ + ____ = ____
38 · 4 = ____ + ____ = ____

9 · 71 = ____ + ____ = ____
3 · 52 = ____ + ____ = ____
7 · 26 = ____ + ____ = ____
4 · 81 = ____ + ____ = ____
6 · 34 = ____ + ____ = ____
9 · 99 = ____ + ____ = ____

3

60 : 4 = ____
40 : 4 = ____
____ : 4 = ____

129 : 3 = ____
____ : 3 = ____
____ : 3 = ____

402 : 6 = ____
____ : 6 = ____
____ : 6 = ____

105 : 7 = ____
____ : ____ = ____
____ : ____ = ____

365 : 5 = ____
____ : ____ = ____
____ : ____ = ____

424 : 8 = ____
____ : ____ = ____
____ : ____ = ____

4

213 : 2 = ____ Rest ____
____ : 2 = ____
____ : 2 = ____ Rest ____

806 : 9 = ____ Rest ____
____ : 9 = ____
____ : 9 = ____ Rest ____

5

1 min = ____ s
4 min = ____ s
9 min = ____ s

2 h = ____ min
6 h = ____ min
11 h = ____ min

1 h 48 min = ____ min
5 h 3 min = ____ min
9 h 40 min = ____ min

Übungen zur Addition

1 Schreibe untereinander und rechne. Was fällt dir auf?

388 + 597 | 257 + 345 + 244 | 283 + 284 | 694 + 291 | 127 + 432 + 365 | 239 + 328 | 351 + 67 + 506 | 534 + 246 + 66

2

	23,11 €
+	246,23 €
+	9,86 €

	236,45 €
+	98,75 €
+	120,37 €

	362,54 €
+	84,36 €
+	96,72 €

3 Ergänze die fehlenden Zahlen.

	2	4	6
+			
	7	9	3

+	5	2	8
	9	1	2

	2	6	8
+			
	6	5	4

	1		6
+		7	
	7	5	2

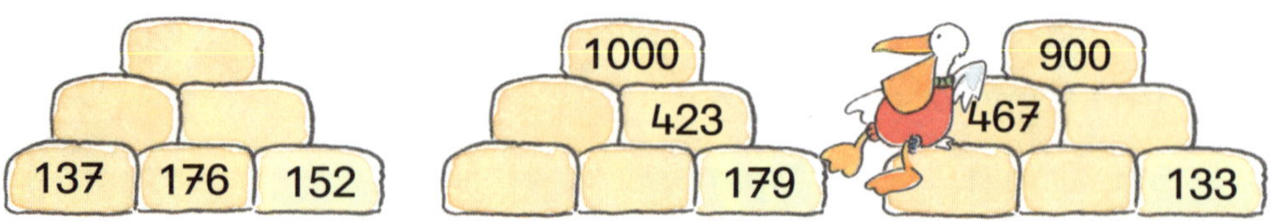

1 Schreibe als Kommazahlen untereinander und rechne.

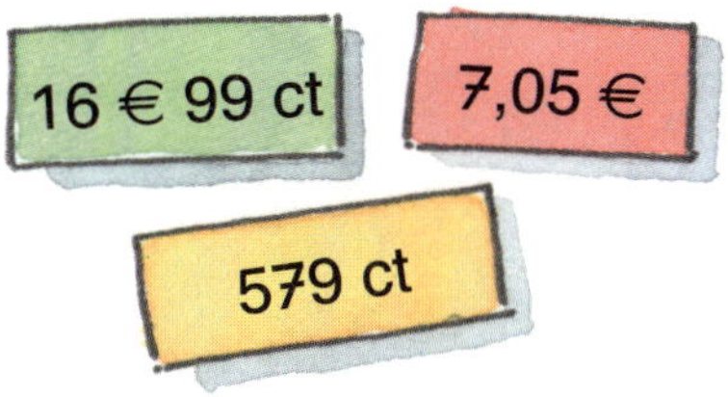

2 Bei einer Umfrage sagen 368 Urlauber, dass sie in die Berge fahren. 279 bevorzugen Urlaub an der See. 145 Urlauber geben keine Antwort. Wie viele Urlauber wurden befragt?

3 Herr Müller lädt seine Familie zum Essen in eine Pizzeria ein. Für das Essen muss Herr Müller 32,45 € bezahlen und für die Getränke 12,60 €. Der Ober erhält 2,95 € Trinkgeld. Wie viel gibt Herr Müller dem Ober?

4 Welche Zahl erhältst du, wenn du zum Doppelten der Zahl 167 die Zahl 423 addierst?

Übungen zur Subtraktion

1

783 − 456	571 − 108	647 − 528	830 − 627	973 − 299
634 − 216	708 − 155	894 − 286	406 − 259	500 − 199

2 Schreibe als Kommazahlen untereinander und rechne.

26,34 m – 708 cm

924 cm – 3,57 m

15,28 m – 290 cm

803 cm – 2,49 m

3 Subtrahiere vom Ergebnis immer die Zahl 136.

952 − 136	816 − 136	− 136	− 136
− 136	− 136		

4

167,90 m	213,00 m	110,54 m
− 43,56 m	− 85,34 m	− 49,67 m
− 28,46 m	− 79,11 m	− 26,89 m

1 Ziehe von der Hälfte von 536 170 ab.

2 Vermindere 712 um 398.

3 Wie groß ist der Unterschied zwischen den Zahlen 913 und 319?

4 Tobias hat 375 € auf seinem Sparbuch. Er hebt 136 € ab, um sich einen CD Spieler zu kaufen. Wie viel Geld bleibt ihm?

5 Für die geplante Klassenreise muss jeder Schüler 235 € bezahlen. Unterkunft und Verpflegung kosten 137 €, die Busfahrt 52 €. Wie viel Geld ist für Aktivitäten am Ort eingeplant?

1

$6 \cdot 20 + 43 =$ ______

$7 \cdot 30 + 65 =$ ______

$5 \cdot 60 + 37 =$ ______

$4 \cdot 40 - 15 =$ ______

$9 \cdot 70 - 12 =$ ______

$3 \cdot 80 - 27 =$ ______

2

·	6	60	16	66
2				
4				
6				

·	5	50	15	55
3				
5				
7				

3 Rechne im Kopf.

$6 \cdot 12 =$ ______ $4 \cdot 17 =$ ______ $5 \cdot 14 =$ ______ $4 \cdot 16 =$ ______

$60 \cdot 12 =$ ______ $40 \cdot 17 =$ ______ $50 \cdot 14 =$ ______ $40 \cdot 16 =$ ______

$18 \cdot 3 =$ ______ $19 \cdot 4 =$ ______ $13 \cdot 5 =$ ______ $15 \cdot 6 =$ ______

$18 \cdot 30 =$ ______ $19 \cdot 40 =$ ______ $13 \cdot 50 =$ ______ $15 \cdot 60 =$ ______

4 Herr Müller trainiert für einen Marathon. Täglich läuft er 17 km. Wie viele km legt er in einer Woche zurück?

5 Peter kauft sich 5 Mathematikhefte und zwei Hausaufgabenhefte. Das Mathematikheft kostet 75 ct und das Hausaufgabenheft 65 ct. Wie viel muss er bezahlen?

1 Kontrolliere mit der Malaufgabe:

162 : 9 =
90 : 9 = 10
72 : 9 = 8

Probe:
18 · 9 =

175 : 7 =

Probe:

132 : 6 =

Probe:

225 : 5 =

Probe:

171 : 9 =

Probe:

108 : 4 =

Probe:

2 Paul kauft 6 Schokoriegel für 1,98 €.
Wie viel muss er für einen Riegel bezahlen?

3 Nadine hat 7 Brötchen gekauft. Sie hat 1,26 € bezahlt.
Wie viel kostet ein Brötchen?

1

	312	
321		

2

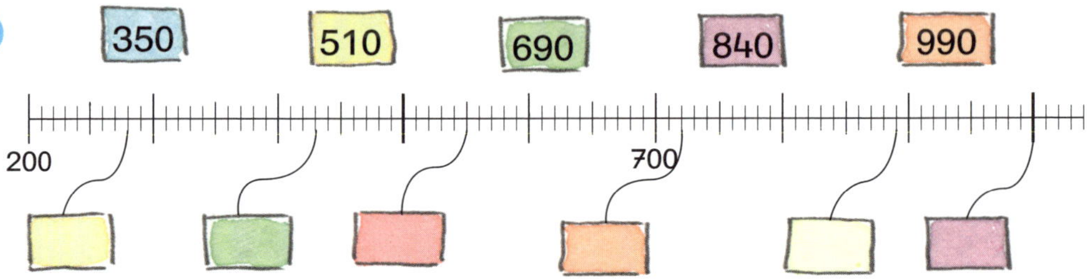

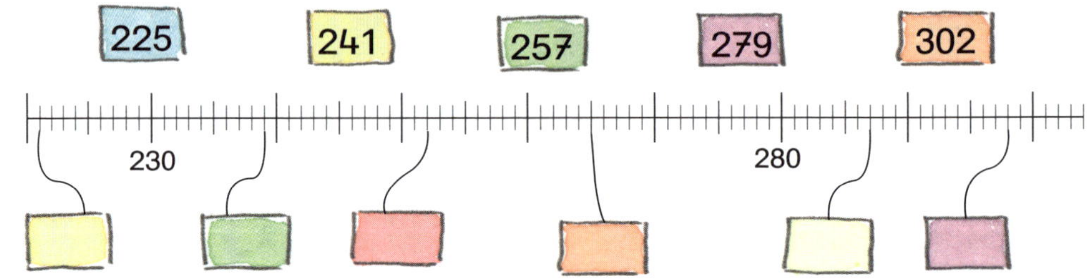

3

	4	3	6
+			
	9	5	8

	1		2
+		3	
	4	5	1

	2	1	2
+		5	
	8		1

		2	
+	4		6
	7	2	3

+	2	1	7
	8	0	5

4

	3	0	2,	4	5	€
−	1	9	5,	6	8	€

	2	7	5,	9	5	€
−		9	8,	9	9	€

	1	0	0	0,	0	0	€
−		4	6	3,	2	5	€

5

120,45 €

gegeben:

zurück: ______ €

75,63 €

gegeben:

zurück: ______ €

395,50 €

gegeben:

zurück: ______ €

6

5 · 43 = ___ + ___ = ___ 6 · 24 = ___ + ___ = ___

7 · 28 = ___ + ___ = ___ 5 · 36 = ___ + ___ = ___

4 · 49 = ___ + ___ = ___ 3 · 27 = ___ + ___ = ___

7

105 : 3 = ___ + ___ = ___ 574 : 7 = ___ + ___ = ___

258 : 6 = ___ + ___ = ___ 432 : 8 = ___ + ___ = ___

340 : 5 = ___ + ___ = ___ 304 : 4 = ___ + ___ = ___

8

·	23	34	42	51
3				
5				

·				
4	92	168	144	300
6				

9

2,50 € · 3 = ___

10,40 € : 5 = ___

10

127 : 5 = ___ R ___ 248 : 6 = ___ R ___ 360 : 7 = ___ R ___

483 : 8 = ___ R ___ 247 : 3 = ___ R ___ 291 : 4 = ___ R ___

11

7 · 15 + 45 = ___ 100 – 7 · 11 = ___

3 · 28 + 16 = ___ 200 – 6 · 12 = ___

12

Abfahrt	10.15 Uhr	13.07 Uhr		22.50 Uhr	16.05 Uhr
Fahrzeit	1 h 45 min		3 h 45 min	2 h 20 min	
Ankunft		14.36 Uhr	15.50 Uhr		20.55 Uhr

13 1,25 m = ____ cm 4,03 m = ____ cm 0,05 m = ____ cm

0,43 m = ____ cm 5,78 m = ____ cm 3,06 m = ____ cm

463 cm = ____ m 86 cm = ____ m 12 cm = ____ m

507 cm = ____ m 49 cm = ____ m 7 cm = ____ m

14 1 h = ____ min 1 h 25 min = ____ min 1 min = ____ sec

4 h = ____ min 5 h 30 min = ____ min 9 min = ____ sec

15 Wie heißen die Körper?

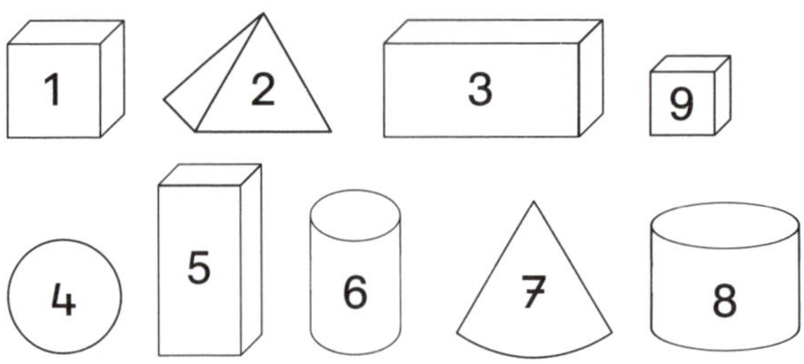

Würfel	
Quader	
Kugel	
Kegel	
Zylinder	
Pyramide	

16 Zeichne alle Symmetrieachsen ein.

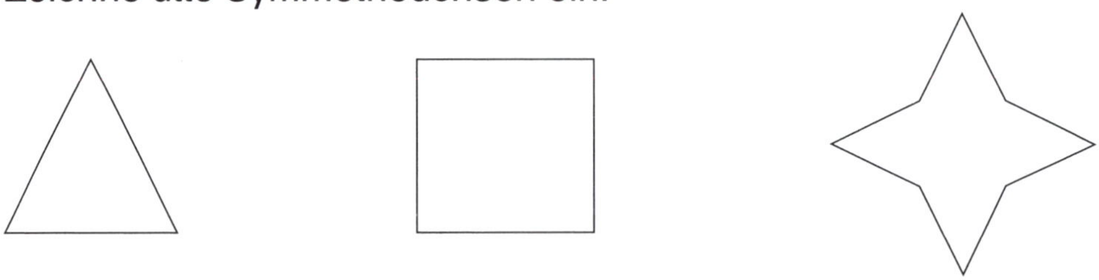

17

1 kg	
420 g	
	65 g
305 g	
	123 g
5 g	

1 l	
333 ml	
405 ml	
	30 ml
	90 ml
5 ml